Frohes Fest
Steffen Radlmaier

Bernhard Windisch

Herzlichst
Sondra ?

ars vivendi

GoldRauschEngel –
Das Buch zum Fest

Herausgegeben von Steffen Radlmaier

Anthologie · ars vivendi

Erste Auflage 1996

© 1996 ars vivendi verlag, Cadolzburg
© der Einzelrechte s. Quellenverzeichnis
Alle Rechte vorbehalten

Typografie und Ausstattung: Armin Stingl
Umschlagillustration: Gerhard Preiß (Titel),
Toni Burghart (Rückseite)
Druck: Meyer, Scheinfeld

ISBN 3-931043-57-6

**GoldRauschEngel –
Das Buch zum Fest**

Inhalt

Gold

11 Wolfgang Koeppen: *Christkindlmarkt**
13 Inge Meidinger-Geise: *Stippvisite beim Nürnberger Christkind*
15 Jürgen Walter: *Alter Grantler**
18 Manfred Schwab: *Das Christkind lädt zu seinem Markte*
21 Wolfgang Buhl: *Die Kindleinskräme*
25 Thomas Kastner: *Frisch gepreßter Weihnachtsduft*
28 Klaus Schamberger: *Aus der Welt der Stille*
29 Engelbert Bach: *Weihnachtspost*
31 Helmut Haberkamm: *Grisdkindlsmargd*
32 Klaus Schamberger: *Advent*

Rausch

35 Bernd Regenauer: *Weihnachtsgeschichte*
36 Klaus Karl Kraus: *Schöne Bescherung*
38 Maximilian Kerner: *Advend-Bluus*
39 Lothar Kleinlein: *wenn der buldser kummd*
40 Jean Paul: *Lange Zaubernacht**
43 Jochen Lobe: *Ballade vom Advent*
44 Nevfel Cumart: *weihnachten*
45 Thomas Reglin: *Eine Weihnachtsgeschichte*
48 Harald Weigand: *Weinachdsdrilogie*
50 Fitzgerald Kusz: *weihnachten*
50 Godehard Schramm: *Nürnberger Rauschgoldengel. Eine Litanei*
54 Gerhard C. Krischker: *wainachdn*
55 Günther Hießleitner: *Mei Haalicher Ohmd*
56 Michael Zeller: *Vom Geschenk des Verschwindens*
66 Kevin Coyne: *Weihnachtsbesuch*
71 Ralf Huwendiek: *Schnapsneger*
73 Nadu Schmidt: *Weihnachdn*
74 Ludwig Fels: *Das war ein Winter*

Engel

77 Anton Schnack: *Der Engel und das Kind*
79 Fitzgerald Kusz: *Die Weihnachtsgschicht aff Fränkisch*
81 Wilhelm Staudacher: *'s liegt wos in dr Luft*
82 Ernst Heimeran: *Kleine Station*
92 Erich Arneth: *Frankens Bethlehem*
94 Elisabeth Engelhardt: *Stau am Credoja-Paß*
99 Anneliese Lussert: *Weihnacht in Gemünden*
100 Habib Bektas: *Sirin wünscht sich einen Weihnachtsbaum*
105 Wolf Peter Schnetz: *Weinwachten*
111 Max Dauthendey: *Brief an die kleine Lore*
118 Horst Ulbricht: *Der Hase kämpft**
128 Fitzgerald Kusz: *weihnachten*
129 Bernhard Windisch: *Elias, der Bettler Max und das Christkind*
139 Ingo Cesaro: *Heilig Abend Nachmittag*
139 Max von der Grün: *Fahrtunterbrechung*
145 Willy R. Reichert: *In dieser Nacht*
146 Friedrich Schnack: *Weihnacht der Bäume*
149 E.T.A. Hoffmann: *Bescherung**
159 Bernhard Doerdelmann: *Weihnachten*
160 Friedrich Hagen: *Warum ich Weihnachten nicht mehr feiere**
162 Friedrich Rückert: *Zwei Kindertodtenlieder**
164 Helmut Haberkamm: *Hohe Nacht der klaren Sterne*
176 Gottlob Haag: *Vom Himmel hoch*
178 Karlheinz Deschner: *Alternative für Weihnachten*
180 Walter Gallasch: *Die Botschaft*

183 Anhang
184 Quellenverzeichnis
191 Bildnachweis

* Die mit einem Stern versehenen Titelformulierungen stammen vom Herausgeber.

Gold

Wolfgang Koeppen
Christkindlmarkt

Ich ging in die Lorenzkirche, am Mittag, zum Orgelspiel, es klang gut in dem leeren Raum, es war wie Stille, es war niemand da, das trübe Winterlicht fiel durch die Glasmalerei der Fenster kalt und bunt, und ich versuchte, einer zu sein, der diese Kirche gebaut hatte oder dazu beigetragen hatte, dem sie etwas bedeutet hatte, der sich zu retten glaubte, vor dem Tod, vor der Endlichkeit, vor der schrecklichen Verwesung, in der Zuversicht des Auferstehens, oder der nur kämpfen und zeugen wollte für seinen Glauben, und es gelang mir nicht. Gott kam nicht zu mir in seiner Kirche in Nürnberg. Und die ästhetische Freude, die bloße Betrachtung des Schönen, die Suche nach dem einmal Vollkommenen, die Anwendung der Stilkunde ließen mich kalt an diesem kalten Mittag.

Ich ging zu Woolworth hinein, ein Haus weiter, dort war es warm, dort waren Gläubige, da schrie eines dieser jetzt so geschätzten plärrenden Mädchen auf ihrer Schallplatte mit Inbrunst, mit Glaubenskraft, mit lang, lang gezogenen Vokalen »Alle Träume werden wahr«. Bei Woolworth war es nicht leer. Man drängte sich an die Verkaufstische, man raffte, was zu raffen war, man gab sein schwerverdientes Geld für die Enttäuschung aus, die von einem erwartet wurde zur Weihnachtszeit. Ein ganzes Stadtviertel der Warenhäuser, von einem Warenhaus zum andern, ein einziger Bazar, nicht mehr das Paradies der Damen, Himmel und Hölle der Verbraucher jedweden Alters und Geschlechts, die Rolltreppen hinauf und hinab, im Arm die Pakete, Bestätigung! Die Existenz hatte zu Buch geschlagen. Auf dem Weihnachtsmarkt aßen sie Bratwürste, als wollten sie ein für allemal beweisen, daß Nürnberg wirklich die Stadt der Bratwürste sei. Die Lebkuchen, die alten Nürnberger Lebkuchen, braun oder schwarz, waren viel weniger begehrt als das scharfe verbrannte Fleisch der Würste, niemand verschlang süße Lebkuchen auf dem Platz bei dem

Schönen Brunnen, der alles überstanden hat, Autodafés, Nazis und Bomben, und vielleicht wollten die Kinder keinen Kuchen, weil es keine Großmütter und keine Hexen mehr in den Familien gibt, kein Platz ist in den Wohnungen, doch die unverkauften Lebkuchen ruhten in den vertrauten Dosen mit dem traulich vertrauten Bild des vertrauten Nürnberg und der Erinnerung an alle erlebten Weihnachten mit Lebkuchen oder keinen, wenn das Haus brannte, wenn man im Keller war unter Trümmern oder nur weil man sich verstecken mußte, auf der Flucht, im Hunger, vor der Hinrichtung, vor dem großen Schlachtfeld. Ich aß von den Lebkuchen auf dem Christkindlmarkt und dachte an ein anderes altes Bild, Nürnberg im Reichswald, die Stadt in ihrer grünen Jugend, baumumschlossen, aber schon in Herdwärme und Enge unter roten Dächern mit Rauch, und die Kuchen schmeckten nach Tanne, Nuß und Honig, wie sie die Bären mochten, die in dem Wald lebten und gejagt wurden und starben, als die erste Mauer der Stadt gebaut und der erste Weg gerodet war für den Kaiser, für den Fuhrmann, für den Henker zum Galgen. Die Christkindl, die Rauschgoldengel, die Weihnachtsmänner, selbst ihre Ruten, sie waren im Kinderland der Phantasie geblieben und hatten Vertreter aus Leim und Pappe geschickt, die lustlos in den Buden hingen. Die Puppenstuben waren Puppenstuben aus dem sozialen Wohnungsbau. Die Puppen selbst waren so lieb und so brav, daß sie von ihren Puppenmüttern verhauen werden wollten. Die kleinen modischen städtischen Mädchen betrachteten die dicklichen ländlichen Puppen mit kalten Augen. Warum zwangen sie sich in die Budengassen? Um einer Überlieferung zu genügen, weil es immer so gewesen war, weil man es tat? Ein Kinderheim kam auf den Platz, kranke Kinder, die behinderten schoben die gelähmten im Krankenstuhl: in ihren Augen war die Freude an der Welt, bis zum alten Mond und nicht nur am Schönen Brunnen in Nürnberg. Und dann zogen alle, die Kranken und die Gesunden, mit Lichtern und Musik und Gesang vom Marktplatz zur Burg hinauf, es war ein großes Gedränge, und der Fremde stand fremd am Straßenrand und war nicht mitgerissen und dachte an andere Aufzüge. Vielleicht fürchtete er sich.

Inge Meidinger-Geise
Stippvisite beim Nürnberger Christkind
Um vier beim Bus!

Eigentlich müßte Schnee liegen für dieses Unternehmen. Aber bei mildem Wetter können die Busse schneller fahren, und sie sind dort, wo sie aus den Städten des weiten südwestlichen Umlands gesammelt stehen und den ganzen langen Sonntag verläßlich auf die Rückfahrt warten, in der hellen Luft sehr übersichtlich gereiht. Es kann gar nichts schiefgehen, dieser Tag gehört dem Christkind, das in dieser alten, mächtigen Handelsstadt seit gut dreihundert Jahren im Dezember Markt hält und anzieht und herbeilockt, was Beine und eine Börse voll Kleingeld hat.

Es geht schon los, ehe man die ersten Buden am Wegrand zum Markt sieht: Der Bratenduft der Würste, süßlich von Glühweinschwaden durchsetzt, macht hungrig. Die Lebkuchenangebote überstürzen sich, die Kinder wollen sogleich große, mit Zuckerschrift bemalte Herzen. Die ersten Taschenfüllungen verlangsamen das Laufen. Dabei muß man, wie die Reiseleitung sagte, mehr als pünktlich sein auf dem Markt. Um zwölf Uhr findet ein großes Figurenschauspiel am Uhrturm der Frauenkirche statt: Man reiht sich ein, wer nicht auf den Treppen zu einem benachbarten Café zu stehen kommt, sieht nur buntgestreifte Budendächer und hochgereckte Köpfe. Die Väter kriegen Schulter- und Armschmerzen, die Kinder machen sich schwer und dürfen niemandem die Sicht verdecken. Und dann läutet es, und ehe die Kurfürsten sich vor dem Kaiser verneigen, trommeln Herolde und werden Schalmeien geblasen, alles langsam und exakt, und dann verbeugen sich ruckartig die fürstlichen Holzmännlein und die ersten Amerikaner stoßen geübte Touristenlaute aus, treten zurück, treten auf die Füße der Hintermänner, streben zu Würsten und Schnaps und kandierten Äpfeln und lassen sich anmerken: Die Deutschen verbeugen sich zu lange und zu gründlich. Die Landsleute der Männlein sind höflich, aber grimmig. Leises Stöhnen der Väter und ungeduldiger Mütter, die Baumschmuck kaufen wollen und lediglich schiebende, drängende Menschenmassen sehen, mischt sich in die letzten Mittagsglockentöne.

Jetzt ist Nahkampf Trumpf. Die Kinder werden mit Süßigkeiten versehen, damit sie sich kauend, knautschend mitziehen lassen und nicht quengeln, wenn sie nur vor sich, neben sich Mäntel, Taschen, Ellenbogen sehen und fühlen. Die Budenstraßen bieten in Variationen dasselbe: Der Tand ist länger berühmt als das markthaltende Christkind, hölzern und strohig, lebkuchenverzuckert und gläsern baumelt er herum. Das Schieben und Geschobenwerden stellt immer wieder vor Entscheidungen: Würste oder Rauschgoldengel, zwei Hände hat man nur, in den Magen geht viel rein, in die Taschen auch.

Wie austeilende und besuchsgewohnte Götzen thronen die Budenbesitzer. Manchmal geht's nicht weiter: Die Stränge der Vorwärts- und Entgegenstrebenden werden so dick, daß alles steckenbleibt. Ein Junge hält seine Zuckerwatte wie eine olympische Fackel hoch und schreit nach der Mutter. Aber er wird von der kreischenden Stimme einer Budenfrau übertönt: »Wer kann an Hunderter wechseln?«

Es ist ein Kampf wie auf hoher See um ein paar Rettungsringe: Frauen greifen nach Strohsternen und Engeln und wollen bezahlen, aber sie kriegen die Arme im Gedränge nicht frei. Ein Knäuel von schwäbelnden Touristen wird an der alten kunstvollen Krippe, zu der die Kinder nicht gelangen können, hin- und hergerollt, und der Anführer tönt: »Um viere bei den Bussen, zur Stadtrundfahrt!« Jemand antwortet: »Erst könne!« Der lange Dünne mit der Baskenmütze will aus der stockenden Menge ausbrechen, er geht in den schmalen Gang zwischen zwei Buden, gelangt zum Quergang, bleibt da stehen, blickt pfadfinderisch nach rechts und links, schüttelt den Kopf und drängt sich zurück zum Haufen, wo ihn ein Berliner empfängt: »Desertieren is nich – jetzt könn'se lange uff'n Loch mang uns warten!« An der Bude mit Messern und Haushaltskleinigkeiten ein entzückter Aufschrei: »Richard, eine Pellkartoffelforke, die suche ich schon lange!«

Der Busmotor läuft schon, als die ersten Zugehörigen, mit Tüten bepackt, ihre Knöpfe an den Mänteln zählend, beschmutzte breitgetretene Schuhkappen musternd, atemlos erscheinen, stöhnend einsteigen und sich auf die Sitze fallen lassen. Mit geschlossenen Augen fragen sie: »Was kommt noch? Stadtrundfahrt?« Jemand doziert: »Diese weltberühmte Stadt mit ihren gotischen Schätzen ... « »Was ist gotisch?« fragt ein Junge den Vater, der auf dem letzten Bratwurstzipfel kauend hervorbringt: »Hat was mit dem Dreißigjährigen Krieg zu tun!« »Immer Krieg, immer dieser Krieg«, sagt eine Mutter und verstaut rotbäckig ihre Tüten: »Hier scheint der nie zu Ende ... « Der Bus fährt schaukelnd los, alle sehen nochmal auf den Markt, den das Christkind hier hält, sie sehen buntgestreifte Budendächer, Köpfe, baumelnde Herzen und Kugeln und Engel. »Ein wunderbarer Tag«, sagen sie zu Haus, im Tone der Davongekommenen.

Jürgen Walter
Alter Grantler

Wenn gegen Ende November die Tage immer grauer werden, die Bäume kein Laub mehr zu verlieren haben und die Buckelsteine, von schwerem Regen blank geputzt, bei einsetzender Dämmerung die Nebellichter widerspiegeln, verschwinden aus dem Zentrum der Nürnberger Altstadt die letzten Farbtupfer. An den Obst-

und Gemüseständen des Hauptmarktes waren je nach Saison Kirschen, als »Bodaggn« oder »Erpfeln« bekannte Kartoffeln, fränkische Krautköpfe und italienische Zucchini, Spargel aus dem Knoblauchsland und mediterranes Wurzelgemüse verkauft worden. Nun müssen sie auf weniger frequentierte Plätze umziehen, während das Geviert zwischen Frauenkirche und Schönem Brunnen, Standesamt und Café Kröll, in dumpfem Hämmern wie schrillem Sägen vibriert. Die Alteingesessenen wissen, was es bedeutet, daß sich die Pflasterfläche mit braunroten, roh gezimmerten Hütten füllt, und sie schütteln – in schmunzelndem Erinnern die einen, leicht an der frohen Botschaft zweifelnd die anderen – nachdenklich die Köpfe. Eine Budenstadt entsteht, die Nürnbergs Sehenswürdigkeiten, vom Germanischen Nationalmuseum bis zur Kaiserburg, zu bloßen Kulissen, zur Peripherie eines weihnachtsnotorischen Globalzentrums degradiert: Der Christkindlesmarkt wirft nüchterne Schatten voraus, bald aber werden die Massen strömen, die Rubel rollen, die frommen Lieder schallen, die Alten seufzen und die Kinder, die vorgeblichen Hauptpersonen im Trubel – je nach Stimmungslage, Wunscherfüllung oder Gefährdung durch die Menschenlawinen –, jauchzen oder plärren.

Die Bewohner des Burgviertels, die wenigen also, die in einer von Lokalen, Boutiquen und Kanzleien verwüsteten Altstadt noch eine Bleibe gefunden haben, fürchten das Gewimmel um den Fokus des Weltweihnachtsgeschehens herum, denn vier Wochen lang kann der kürzeste Einkaufsbummel zur Odyssee oder zum Spießrutenlauf mißraten. »Wos brauch'mer des Gwerch«, grummelt so mancher alte Grantler. »In Närmberch is suwisu des ganze Joar Christkindlesmarkt.« Dabei denkt er an das Butzenscheiben- und Lebkuchen-Image der Noris, an die Kopfsteinpflaster-Manie ihrer Gewaltigen, deren ultimativer Clou sich darin manifestierte, ein Großkaufhaus gegenüber der Lorenzkirche als mittelalterliches Gemäuer mit Neon-Schaufenstern zu verkleiden, an den »altfränkischen« (laut Duden veraltet für

»altmodisch«) Hang der Nürnberger, einem vor sich hin romantisierenden Gebräu noch den letalen Schuß Spätbiedermeier hinzuzufügen. Daran denkt also unser Grantler, wenn er sich am Reich der eßbaren wie mentalen Zuckerwatte vorbeizumogeln sucht – und mit solcher Skepsis liegt er gar nicht so falsch.

Doch das Wort, das die Gemütslage der Stadt und ihr putziges Outfit scheinbar am treffendsten charakterisiert, bleibt unausgesprochen, als stehe es für Majestätsbeleidigung oder Tabuverletzung: Niemand spricht von »Kitsch«; selbst der gebeugte Grantler, der gerade noch grimmig den Stock gegen die Auswüchse des Weihnachtswahns erhoben hatte, würde eine derartige Pauschalabwertung nicht in den Mund nehmen. Eine aktuelle Beobachtung und eine – fast allen Nürnbergern gemeinsame – Erinnerung verhindern die defätistische Äußerung. Die Gesichter der Kinder zwischen zwei und zwölf strahlen in einem überirdischen Entzücken, wie es auch im Zeitalter der Computerspiele und Techno-Dinosaurier nur ein Konglomerat handgemachter Magie und traditioneller Riten hervorrufen kann. Die Zaubermischung ist simpel in der Zusammensetzung, aber unfaßbar in der Wirkung. Das auf den abgebrühtesten Pausbacken glänzende Staunen bannt die abwertende Bemerkung. Und dann fällt jeden bewahrten Nürnberger unversehens die Erinnerung an die eigene Kindheit an, die Düfte von früher steigen in die Nase, die Festlichter blenden wieder, und die Aura naiver Vorfreude verliert den infantilen Touch, erscheint im bloßen Angesicht kahler Buden von neuem verständlich. In einer kommerzialisierten, gefühlskalten Umwelt sucht man sich die Wärmespender eben in der eigenen Vergangenheit oder im Ritual saisonaler Feierlichkeit – und für den Notfall gibt's noch den Glühweinstand.

Doch wenn auch der Durchschnittsnürnberger (oder Besucher aus der fränkischen Provinz) den Christkindlesmarkt nie als Schwulst und Beutelschneiderei abtun würde, so übt er doch harsche Kritik an der Gegenwart (die allerdings seine Kinder nicht hören dürfen), weil ihm die verklärende Erinnerung eine verflossene perfekte Idylle vorgaukelt. Alles war inniger, romantischer »fräihers«, die Bratwürste schmeckten besser, das Christkind sprach schöner, und die Kinder (wohlwollend, aber ein wenig vergeßlich bezieht man sich selber da mit ein) waren ja soviel bescheidener! In mindestens zwei Fällen trügen solche idealisierenden Reminiszenzen nicht: Es war früher tatsächlich alles billiger, und das Wetter, das alljährlich wiederkehrende Reizthema, war wirklich winterlicher. Es muß eine Zeit gegeben haben, in der während des Christkindlesmarktes noch bitterer Frost herrschte, ja sogar Schnee fiel. In jener fernen Vergangenheit hatten Grog und Glühwein eine Existenzberechtigung als Kälteschutz, heutzutage fragt man sich eher, warum angesichts der üblichen frühsommerlichen Temperaturen kein Eiskaffee ausgeschenkt wird.

»Des is alles blous nu a Gschäft!« hören wir unseren alten Grantler nicht ganz zu Unrecht mosern. Dann aber vertut er sich: »Fräihers wor doch des ganz anderst.« In keinster Weise; schon vor Jahrhunderten regierte in der Vorweihnachtszeit der Geldbeutel, so wie die Noris insgesamt von den »Pfeffersäcken« regiert wurde. Und, wie in so vielem, stellte Martin Luther auch hier die Weichen ...

Manfred Schwab
Das Christkind lädt zu seinem Markte
Prolog mit Variationen, oder:
Kleine Stilübung am völlig untauglichen Objekt

1 (konventionell)

Weihnacht – welch ein himmlisch Singen
Schwingt durch dieses schlichte Wort:
Traute Lieder leis erklingen
Glocken, die die Botschaft bringen
Tönen fort von Ort zu Ort ...

Tannenbaum und Lichterpracht
Bringet in der Winternacht
Freude heute
Allen Menschen

2 (poésie engagée)

Weihnacht – welch profanes Ringen
Um Umsatzkurven und Profit
Die Ladenkassen müssen klingen
Konsumentenchöre singen
Bitter heult die Armut mit

Tannenbaum und Lichterpracht
Stärken Kapitalistenmacht
Die im Dunkeln
Sieht man nit

3 (surrealistisch)

Weihnacht – Elch im Himmel singet
Worte gehen auf Tournee
Lieder schlagen Laute nieder
Glocken sprengen Engelsmieder
In den Gläsern glüh-weint Schnee

Tanne blau vom Nordlicht träumt
MarzipanLebkuchenBratwurst
Freudig aus der
Tube schäumt

4 (expressionistisch)

Weihnacht prachtet Wortmacht schwillt
Goldrausch-Engel fallen von den Türmen
Chöre gellen Glocken bellen
Märkte wuchern Nächte hellen
Bürger raffen wild

Lichtbaum schrägt steil in die Nacht
Winter schneestürmt. Einsam wacht
Ein jähes Freuen
Abgrundtief

5 *(Dada)*

Weihnachts-Singsang kling klang klung
Wortschwall schwingschwangt schrill herum
Lieder lispeln lippselig
Glocken bommseln bummsselig
Bommm und Bimmm und Bammm und Bummm
Gans verkohlt Baum purzelt um

Winter Freuden heute nackt
Mit ohne Frack und Sack und Pack
Why nackt?

6 *(konkret-visuell)*

```
OPLASTIKTANNENBAUMWIE
CLEANSINDEINEBLÄTTER
OPLASTICTANENBAMWIE
CLEANSIND    NEBLÄTTER
OPLASTIK     NBAUMWIE
CLEANSI       BLÄTTER
OPLAST        AUMWIE
CLEAN          ÄTTER
OPLA            MWIE
CLE              TER
OP                IE
CLEANSI      EBLÄTTER
OPLASTIK     NBAUMWIE
CLEANSIN     EBLÄTTER
OPLASTIKTANNENBAUMWIE
CLEANSINDDEINEBLÄTTER
```

7 (Underground)

Dieses fucking Weihnachtsfeeling
Geht mir echt auf die Eier, Mann
Die Schrumpel-Hotdogs sind zum Kotzen
Der Hot-Wine macht dich auch nicht high
Da zieh ich mir lieber ein geiles Match
draußen im Eisstadion rein

Hey Superstar, deine Birthday-Party ist kein Hit
Nur ein schlaffer Mythen-Koffer
Thanks! Ohne Shit
Ist alles Shit

Wolfgang Buhl
Die Kindleinskräme

Das Christkind, so will es die Überlieferung, soll einst auf diesem Markt selbst eingekauft haben. Deshalb ist er, nehmt alles nur in allem, so schön. Wie ein Nest liegt er in der Stadt, mittendrin. Wie gemacht für den Kinderglauben, daß ein himmlisches Wesen, angelockt von so viel Licht und Wohlgeruch, herabkomme zum irdischen Einkaufsbummel: durch den Sternlasweg schwebe oder das Dockn Gässla, um all die Gaben zu besorgen, die es den Kindern am Weihnachtsmorgen beschert. Schon Johann Christoph Wagenseil, den man, eine der jüngsten bayerischen Amtsbezeichnungen nutzend, den ersten fränkischen Kulturrat nennen könnte, führte den besonderen Fleiß der Nürnberger Kinder im Dezember auf diesen Glauben zurück. Ohne Preis kein Fleiß – die Nürnberger waren schon immer gewitzt, wenn es um Verfeinerungen ihres Nützlichkeitsdenkens ging. Oder was wäre die Unterstellung, das Christkind erwerbe die Geschenke, die es ihren Kindern macht, von niemandem sonst als von ihnen selbst, anderes als ein früher Gipfel unverhohlener weihnachtlicher Geschäftstüchtigkeit?

Freilich, der Weg zum ersten europäischen Gipfel der Weihnachtsmänner vor der Frauenkirche war noch lang. Zwar hieße es das Maß selbst reichsstädtischer Beschränkung zu unterschätzen, hätte man nicht bald aus der Absicht eine Tugend zu machen versucht, doch weil sich Tradition weniger mit einem Pfund Heller als mit Zeit bezahlen läßt, brauchte der Markt, um aktenkundig zu werden, ums Haar fast genauso lang wie zweihundert Jahre später die Weihnachtstanne vom Elsaß nach Mitteldeutschland und der Lichterbaum von dort nach Nürnberg. Die Romantik besorgte nicht nur die Wiederentdeckung des Altdeutschen, sondern auch des Altmodischen. Machte die Reformation aus der Krippe, dem Hort des Kindes, eine Futterkrippe für alle Kinder, so das Biedermeier Weihnachten endgültig zum Fest der Feste. In seinem Licht schimmerte Vergangenheit als Trost und Offenbarung für eine Gegenwart, der Geschichte wichtiger war als sie selbst, was eben diesem Fest von vornherein eine Geschichtslosigkeit gab, die noch heute die Annahme stützt, es sei so alt wie die christliche Welt. Hierauf, nicht zuletzt, beruht das Erstaunen über den Mangel archivalischer Zeugnisse des Nürnberger Markts, der doch folglich so alt sein müsse wie die Stadt selbst. Daß sie ihn erfand, gleichsam als Modell für Scharen solcher Merkantilitäten nah und fern – 1792 führt »Des jüngeren Wilhelm Denkers Haus-Calender« 69 allein in Franken an –, liegt freilich ebenso in ihrem Charakter wie am trockenen lutherischen Klima, das, wollte man den Gläubigen die Geburt des Kindes als Herz ihres Glaubens begreiflicher machen als bis dahin, ein bißchen Zauber, ein wenig mehr anmutigen Eigennutz, sagen wir getrost: einen Schuß reizvollen Materialismus wohl vertrug. So kam es, daß die Bescherung von Neujahr auf den Heiligen Abend verlegt wurde. Manchmal haben eben sogar die Evangelischen einen guten Einfall.

Die »Kindleinskräme« zu Nürnberg lebt ganz von ihm, auch wenn er sich nicht von heut' auf morgen durchsetzte. Vielleicht, wer weiß, hatten die lutherischen Kinder damals zunächst das gleiche Glück einer Doppelbescherung wie heute die römischen, denen die allmählich nach Süden wandernden Weihnachtsbräuche aus dem Norden nicht nur den Christbaum, sondern auch, neben dem Strumpf der Hexe Befana, einen zusätzlichen Gabentisch bescheren. Nicht zuletzt zeigt Santa Claus, der sattsam bekannte Kapitalistenknecht – auch er längst ein verdienstvoller Advents-Veteran geworden – die Zweisamkeit von Magie und Mammon. Hat er sich nicht sogar in den Fernen Osten eingeschifft, um sein Geschäft in einem Land zum Blühen zu bringen, wo noch im 17. Jahrhundert jedem, der christlicher Rituale überführt wurde, der Scheiterhaufen blühte? Wenn heute allein in Tokio zur großen Verkaufsorgie Beethovens Neunte vierzigmal öffentlich erschallt, wen würde es wundern, daß der Weihnachtsfunke in keineswegs unabsehbarer Zeit – sagen wir: über Indien und Afrika an seinen Ausgangspunkt zurückkehrte? Der Mohr Knecht Ruprecht im Lendenschurz beim Weltgipfel vor der Frauenkirche zu Nürnberg, weshalb nicht? Gäbe er dem Markt doch nur jene exotische Geste im großen, die er im kleinen schon besitzt, oder hat noch keiner am nächstbesten Spielzeugstand einem Cowgirl unters Röckchen oder dem blauroten Fire Chief Jeep ins Getriebe geguckt und das Made in Japan oder in China entdeckt. Dieser Markt, spätestens dann seht ihr's, ist nicht minder weltweit als weltbekannt. (...)

Ist dieser Markt, die Kindleinskräme unterm Männleinlaufen, nicht zuallererst schön als Ensemble, als geschlossenes Geviert, dessen beinahe pedantische Symmetrie sich erst beim Begehen auflöst in abertausend zierliche Spektren, wie ein Goldregen platzt zu einem geradezu abenteuerlichen Superlativ: der Welt größten Ansammlung allerkleinster Nutzlosigkeit?

Es gibt viele Möglichkeiten ihrer Ansicht. Einige sind postkartenreif. Aber nicht, wie man glauben könnte, die Draufsichten. Der Obenhin-Blick, etwa von der Terrasse am Café Kröll oder aus einem der Rathausfenster, selbst nicht aus dem Wirtschafts- oder gar dem Kulturreferat. Auch nicht die Vogelperspektive, das heißt, wenn's einem vergönnt ist, in einem jener winzigen Flugzeuge, die sich in 600 Metern Höhe ausnehmen wie eine den Adler parodierende Fliege, in sternklarer Nacht ein paar Vorweihnachtsschleifen über der City zu ziehen, ein so hell bestücktes Firmament über sich, daß die Lichter der Stadt da unten wie sein hautnah herangeholter Spiegel sind – ach, das Märktlein inmitten: schwach, ganz schwach glimmend wie ein Stück fern, sehr fern herausgestanzter Milchstraße. Nein, von oben ist ihm nicht näherzukommen, man muß nah, ganz nah heran. Das gute Stück lebt vom Unterlicht. Alle Helligkeit, die es entwickelt, fängt sich unter den kleinen Dächern, strahlt zurück, bestenfalls in die Gäßchen, spiegelt sich in Glaszeug und Flitter, glitzert überm Kleinkram wie Schnee. Gibt's ihn schon nicht mehr in Natur, dann wenigstens elektrisch.

Wer sich's raten läßt, stelle sich deshalb an die Ampel vor der Buch- und Kunsthandlung J. A. Stein (seit 1604) und blicke hinüber. Halbtotale, sagt man nicht so? Rechts im Hintergrund Sankt Lorenz, seine ranken Doppelspitzen, links mittelnah, von der Westseite des Rathauses abgeschnitten, die Frauenkirche, vorn, in halblinker Bildmitte, der Schöne Brunnen. Ist da nicht alles, was das Auge begehrt? Die Etagen der Zwetschgenmänner, ihre bunte, stufenförmig geordnete Staksigkeit. Die Berge der Lebkuchen, Makronen und Eierzucker. Die heiße Bratwurstluft, die den Brunnen wie einen exotischen Gipfel entrückt. Sind sie nicht allesamt Märtyrer, seine vergoldeten Apostel und Helden, daß sie nicht herabsteigen und wenigstens einen, nur einen einzigen Bissen tun dürfen, einmal Zuckerwatte schlekken oder ein Kräuterbonbon, Spitzwegerich vielleicht, wenn's sein müßte, oder Baldrian?

Schau hinüber. Laß dich nicht beirren. Unter der Kappe des Glockenspiels, Adam Krafts letzter Arbeit, blickt Karl IV. zurück. Alle Jahre wieder, im Weihnachtsmonat, tritt er seinen Markt an einen anderen ab. Als 1644 der Kandidat der Theologie Johann Klaj aus dem sächsischen Meißen nach Nürnberg herübergekommen war, schrieb er, neben anderen Redeoratorien, die ihm einen Platz in der Literaturgeschichte des Barock sichern, seine »Freudengedichte der seligmachenden Geburt Jesu Christi / zu Ehren gesungen«, die 1650 bei Jeremias Dümler gedruckt wurden. In ihrem Finale läßt er den Chor rufen:

»Schlaff / schlaff du liebes Kind / die Engel dich einwiegen / Die um die Kripp und dich in grosser menge fliegen / Die sich schwingen / Dich besingen / Dich den Printzen / Der Provintzen Schlaff ohn Sorgen / Du heilger Engelfürst biß an den liechten Morgen.«

Kneif die Augen zusammen. Wenn die Ampel auf Grün schaltet, kannst du sie heute noch fliegen sehn. Immer im Kreis herum. Ordentlich und betriebsam, bis die Lichter des Marktes verlöschen. Und nicht nur einmal am Tag, wie das Männleinlaufen.

Thomas Kastner
Frisch gepreßter Weihnachtsduft

Alle Jahre wieder kommt das Christuskind in die Städte nieder, wo die Menschen im Kaufrausch sind. Und alle Jahre wieder stellt sich die Frage: Wie viele Tage noch bis Weihnachten? Die Zeit drängt, und die Menschen drängen mit einem völkerverbindenden Gedanken in die Innenstädte. Jeder sucht das gleiche. Geschenke. In den Warenhäusern, U-Bahnen und Bussen, überall kommt es zum Stau.

Zahlreicher als alle himmlischen Heerscharen strömen die Besucher auf die winterlichen Jahrmärkte, wo sie von einer Orgie aus Silberschmuck und Seidentüchern, Wollsocken und Wohlgerüchen empfangen werden. Beim Eintreten in die Reihen der Bretterbuden schlägt einem sofort der Duft von frisch gebrannten Mandeln entgegen, der sich schnell mit fettigem Bratwurstgeruch und einer Wolke ätherischer Öle vermischt. Selbst in kleine Fläschchen gepreßten Weihnachtsduft kann man erstehen, neben Seidenhemden aus Thailand, heftig gemusterten Dekorationskerzen sowie potenzfördernden Tees aus Guatemala. Natürlich gibt es auch einheimische Leckereien wie Elisenlebkuchen oder hausgebackene Butterstollen, denen allerdings keine aphrodisische Wirkung nachgesagt wird.

Im Grunde unterscheidet sich die Situation nicht wesentlich vom Sommerschlußverkauf. Es herrscht Hochbetrieb. Die Leute gucken, wühlen und kaufen. Die Verkäufer verschanzen sich hinter ihren Ständen. Alles wie üblich. Und doch. Dies hier ist Weihnachten. Ein bestimmter Ausdruck spiegelt sich in den Gesichtern der Frauen und Männer, ein bestimmtes Suchen nach Harmonie. Denn es sind so viele Details, die sich jedes Jahr für diesen einen Abend stimmungsvoll zusammenfügen sollen. Welche Kugeln? Matt oder glänzend? Welche Lichter? Dauerleuchtend oder blinkend? Wer nach Weihnachtsschmuck Ausschau hält, kann sich wirklich satt kaufen. Für jeden schlechten Geschmack ist etwas zu haben. Handgeschnitzte Plastikfiguren, streichholzschachtelgroße Krippen oder bei Bedarf ein bunter Bethlehemstall im Colani-Design. Und über allem thront einsam das Jesulein, tausendfach gestapelt, natürlich jedes für sich ein Unikat. Allenthalben findet man Stände mit Rheumadecken. Lebenshilfe für nur hundert Mark. Umsatz macht selig. Glaube auch. Und wenn's nicht der ans Christkind ist, dann wenigstens der an Bachblütentherapie, Chakra-Essenzen oder die heilende Wirkung von Rosenquarz.

Und mitten in dem ganzen Trubel steht ein Weihnachtsmann in cocacolaroter Uniform und verkauft Küchenmesser und andere unpraktische Dinge, denselben Plempel, den er das ganze Jahr nicht losbringt. Aber an Weihnachten gehen die Geschäfte besser. Da braucht jeder Dinge, die er sonst nicht braucht. Woran das wohl liegt, daß wir uns angesichts langer Rauschebärte so freizügig gebärden? Dabei weiß doch jedes Kind, daß es keinen Weihnachtsmann mehr gibt. Sonst würde er seine Geschenke ja verschenken und nicht verkaufen. Wer einen Blick auf seinen etwas zu kurz geratenen Samtmantel wirft, sieht darunter einen grauen Anzug schimmern, ein schwitzendes Gesicht, das sich zum Feierabend quält. Aber wer will schon so genau hinsehen. Es ist schließlich Weihnachtszeit, Zeit der Vergebung. Da vergeben wir den Händlern ihre hohen Preise und freuen uns, daß das Geld nach dem Einkauf noch für ein Glas Glühwein reicht.

Während wir uns also schnell am entsprechenden Stand anstellen, erinnert uns das an unseren ersten Glühwein. Er befand sich auf dem großen Holztisch in Großmutters Küche in einer großen, henkellosen, mit blauem Rautenmuster geschmückten Tasse. Ein Sprung ging über das ganze Gefäß, und wir nahmen es, während Großmutter wie immer ihre Brille suchte, unbemerkt zwischen die Hände. Noch heute spüren wir die Wärme des Getränks durch das Porzellan bis in die Fingerspitzen steigen. Noch heute empfinden wir die Erwartung und Neugier nach und ebenso die unheimliche Verwunderung beim Schmecken des ersten Schlucks. So etwas gab es also, und wir hatten es nicht gewußt. Damals hatten wir das Gefühl, bis zu dieser Minute das Wichtigste in unserem Leben verpaßt zu haben.

Inzwischen kennen wir den Geschmack des süßlichen Getränks natürlich auswendig – genauso wie die Hektik und den Streß, der uns jedes Jahr um diese Zeit befällt. Unbeeindruckt legen wir die 3 Mark 50 für einen Becher Glühwein auf den Tisch und in dem Moment, in dem wir uns daran die Zunge verbrennen, schmilzt ein Schokoladenweihnachtsmann, den wir eben erst erstanden und gegessen haben, in uns dahin und wird vergessen. Allein sein Mantel aus Stanniolpapier verbleibt zusammengeknüllt als abfällige Erinnerung in der Hosentasche.

Klaus Schamberger
Aus der Welt der Stille: Ein Wintermärchen

Dadurch, daß heute abend um 18 Uhr unsere Glühweinkönigin wieder anzapft und ihren Prolog über die Nürnberger Christenheit ausschüttet, werden verschiedene Institutionen in dieser Stadt argwöhnisch darüber wachen, daß der Christkindlesmarkt berichterstattungsmäßig in einem hellen Licht erstrahlt. Wir sollen über den schönsten Markt der Welt nicht rumblödeln, Witze reißen oder höhnisch schreiben, daß die Bratwurstveranstaltung aus allen Nähten platzt.

Es wäre Gotteslästerung und dient nicht dem Ansehen und dem Umsatz des Weihnachtsgeschäftes. Krippenbeschmutzer werden mit einem Christkindlesmarkt-Besuch nicht unter drei Wochen, ersatzweise zwei Zentnern Früchtebrot bestraft.

Wir sollen diesen Christkindlesmarkt vielmehr folgendermaßen beschreiben: Wenn die Kohlendioxidwolken sich heute abend sanft über die Stadt niederlegen, das Christkindlein auf der Empore der Frauenkirche an einem Sicherheitsstrick der Feuerwehr bambelt und spricht »Ihr Herrn und Fraun, die Ihr einst Kinder wart«, dann haben wir wieder Tränen in den Augen. Weil uns der Nachbar aus Versehen seine Bratwurst mit Meerrettich ins Antlitz gedrückt hat.

Schneeflöcklein rieseln vielleicht auf die Dächlein des Städtleins aus Holz und Tuch, ein Kindlein brüllt verträumt nach seinem Oheim, der auf der Museumsbrücke in ein kleines Staulein geraten ist. Ein vorweihnachtlicher Geisterjogger ist dort gegen den Strom gerannt, gestrauchelt und hat daraufhin einen Auflaufunfall mit einer 148köpfigen japanischen Reisegruppe verursacht. Vor seinem Abtransport in die nahe Wiederbelebungsanlage wird er noch 148mal fotografiert, weil die Reiseleiterin ihren Gästen aus Mitsubishi erklärt hat, daß es sich um einen einheimischen Menschen auf der Flucht vor dem König Herodes handelt.

An anderen Plätzen des Marktes werden ebenfalls biblische Geschichten nachgestellt. Ein fröhlicher Budenbesitzer macht aus fast nichts Hunderte von Litern Glühwein wie bei der Hochzeit von Kanaan. In der Augustinerstraße kämpfen David und Goliath um einen Parkplatz. Es gemahnt uns unweigerlich an das Hauden-Lukas-Evangelium.

Gleich neben dem Schönen Brunnen findet die Speisung der Fünfhunderttausend mit der heuer erstmals verwendeten Mehrwegbratwurst statt. Auf den Aus- und Überfallstraßen rund um die Stadt herrscht überhaupt kein Verkehr, von ein paar vereinzelten hunderttausend Autofahrern und auf der Flucht panikartig verlassenen Omnibussen abgesehen.

Wer an Schwerhörigkeit leidet, venimmt fast keinen Laut in dieser adventlichen Stadt. Nürnberg ist wieder einmal ein Wintermärchen. Vor allem in den Stunden zwischen Mitternacht und dem ersten Schrei des Zapfhahns früh um sechs. Das ist auch die Zeit, wo sich das Christkind Sandra Niederberger nach vielerlei Fernsehterminen rund um Bochum erschöpft, aber irgendwie glücklich, in die Krippe legt. Dr. Oscar Schneider, versonnen von einem Wahlplakat blickend, und Maria und Josef betrachten es froh.

Engelbert Bach
Weihnachtspost

Auf der Vorderseitn:
Fränkischer Marktplatz
im Schnee,
wia ar kaum amol kummt.
Der Brunna
dick eigamutzt
mit weißa Kappn.
Derhinter as Rathaus,
gringsrüm Fachwarkgiebl

mit halla Fansterli.
Da möchet mer wohn,
na wär ümmer Weihnachtn.
A gschmückta Tanna
vornahar
und a schternvouller
Nachthimmel drüber.

Auf der Rückseitn:
a Verzichpfennismarkn
mit an Weltraumlabor druff,
vielleicht
dia Dreikönich an Bord.

Und dernam:
Herzlicha Weihnachtsgrüß!
Uns gehts guet, mer ham a neus
Auto. Unner Kinner sen dia Bestn
in der Schuel. Nächstes Johr
werd unner Bungalow farti mit
Schwimmbad. Hoffentli gehts Euch
ae guet. Mir schreim scho widder
amol, wenn mer Zeit ham.

NB: Wenns bei Euch billia Grumbern
git, könnet Ihr uns wos besorg?
Des Weihnachtn kost sou Gald genuch.

Helmut Haberkamm
Grisdkindlsmargd

A Fraa middam Baastumpf
Hoggd in der Grimmkäldn
Am Grisdkindlsmargd dodd
Un beddld umma boor Groschn.

A Fraa läßdsi nedd lumbm
Un leechdera aweng wos nei.
Ihr Freindin kummd derzu
Un sochdera wos un na blägds:

Etz hasd des gsehng?
Etz schauner gnau hie!
Des is goor ka Gribbl!
Des is ka Ambudierda!

A sedds ausgschaamds Weisbild!
Doo langd di Fraa nei ihr Daschn
Un baggd ihr neia Grisdbammspitz
Un schlechds der Beddleri aufs Diegla.

Die sinnder mid alla Raffinessn gwaschn!
Di seddn Zicheiner rupfmdi bein hellichdn Dooch!
Wohrscheins issi nua sedda Ausländeri derzu!
Au wunner! Des dädmi nedd wunnern! schnaufds un
   schend.

Weihnachdn ziechd hald lauder sedds Gschmaaß!

Klaus Schamberger
Advent

Abfend, Abfend
Der Kiddl brennd
In Jesus in sein Drooch
Driffd ball der Schlooch
A Million Durisdn
Glodzn in sei Kisdn
Jabanische Heere
Jauchzen Dir Ehre
Vuur der Frauenkerch
Närmbercher Gwerch
Abfend, Abfend
Haud ab und rennd
Ganz schnell dervoo
In dulci jubilo

Rausch

Bernd Regenauer
Weihnachtsgeschichte

Es begab sich aber zu der Zeit, daß ein Fax von Kaiser Kohl ausging, daß eine Volkszählung geschehe. Und jedermann ging in seine Stadt.

Josef steckte derweil hinterm Irschenberg im Stau. Er war Zahntechniker, seine Frau Maria dagegen war schwanger. Sie erwartete einen Sohn, Kindergeld sowie seit Stunden Josef. Als dieser über das Handy seine Verspätung mitteilte, beschloß Maria, einstweilen das Kind zu gebären.

Und sie wickelte ihren ersten Sohn in Windeln, gar wie sie es in der Schwangerschaftsgruppe gelernt hatte.

Als Josef nach zwei Tagen kam und das Kind erstmals erblickte, entfuhr ihm ein »Oh Jesus!«

Und es waren eine Handvoll Versicherungsvertreter in derselben Gegend auf der Standspur, die hüteten des Nachts ihren defekten Kombi.

Und siehe, ein Gelber Engel vom ADAC trat zu ihnen, und die Diagnose des Herrn leuchtete um sie herum, und sie fürchteten sich sehr ob ihrer geplatzten Termine. Doch der Gelbe Engel sprach zu ihnen: »Fürchtet Euch nicht. Siehe, ich verkünde Euch große Freude. Denn Euch ist heute ein Kunde geboren, welcher ist unterversichert. Und das habt zum Zeichen: Ihr werdet finden das Kind in Nässepuffer gewickelt und in einem IKEA-Bett liegend.«

Und alsbald waren da bei dem Engel eine Menge Schaulustiger, die tobten und sprachen wirr: »Schere sei Schrott in der Höhle, und Miete aufwerten, und die Menschen sind wohl hingefallen. Höret auf diese fröhliche Kunde!« Und da der Engel von ihnen fuhr, sprachen die Vertreter untereinander: »Verstanden haben wir nichts, aber fröhliche Kunden sind uns genehm! Das bedeutet leichtes Spiel! Hausrat, Haftpflicht, Leben, Rente, Feuer und Unfall – laßt uns hinfahren und Verträge aushandeln.« Und sie kamen eilend, und sie fanden beide: Maria

und Josef. Daneben das nässegepufferte Kind. Und seine ersten Worte waren: »Per Bankeinzug!«
Da herrschte eitel Freude im Hause, und es wurde emsig unterschrieben.
Fortan breiteten die Versicherungsvertreter das Wort aus, welches zu ihnen von diesem Kind gesagt war...

Klaus Karl Kraus
Schöne Bescherung

»Oh, du fröhliche ...«, sang die Familie unter der hell erleuchteten Blautanne für 150 DM. Lametta rollte sich ruckartig zusammen, Kerzen flackerten ärgerlich, »gnadenbringende Weihnachtszeit.« Der Rauschgoldengel auf der Baumspitze schloß verstimmt die Augen.
Kaum ging das Wohnzimmerlicht an, stürzten sich die Neumanns auf die Geschenkpakete.
Mit Schweißtropfen auf der Stirn packte Vater Neumann den 18. Weihnachts-Schlafanzug seines 37jährigen Lebens aus. Mutter Neumann war beim Mon-Cheri-Auswickeln von Sohn und Tochter Neumann. Tochter Neumann hatte ihr erstes Parfum nach 13 Weihnachten, und Sohn Neumann begann gerade einen quadratischen Karton 50 auf 50 cm aufzureißen – den Panzer fand der 11jährige Neumann geil. Die Familie saß bei den traditionellen Weihnachts-Bratwürsten im Eßzimmer, als Sohn Neumann im Wohnzimmer die Fernsteuerung des Panzers bereits durchschaut hatte. Er kurvte gekonnt an den glotzenden Holzhirten vorbei, ließ den dunkelgrünen Christbaumständer links liegen und bog rechts unter die Blautannenzweige! Perfekte Tarnung. Der Turm drehte sich wie von Geisterhand, die lange Kanone erregte die Neugier von J.R., dem Neumannschen Hauskater. Die Salve saß, Pulverdampf stieg auf, der Kater kippte lautlos auf den braunen Teppichboden, immer noch mit neugierigem Gesicht und weit aufgerissenen Augen. Der Panzer rollte einige Zentimeter nach vorne,

die rote Christbaumkugel wackelte, fast unmerklich. Er drehte auf der linken Kette und überfuhr dabei den Holzochsen. Als er gut 30 cm von der Blautanne entfernt war, blieb er stehen. Der Turm drehte. Als das Rohr losrotzte, schob es den Panzer kurz nach hinten. Die Christbaumkugel zersprang in tausend Scherben. Der Turm drehte leicht nach links. Auch Maria und Josef ahnten nichts Gutes.

Der Einschlag war gewaltig. Josef riß es das Holzbein weg. Sohn Neumann war begeistert. Echt geil. Mit dem nächsten Treffer zerdepperte er die Krippe endgültig. Das Strohdach brannte ein rechteckiges Loch in den Wohnzimmer-Teppichboden. Der Stern von Bethlehem flog in hohem Bogen, kometenähnlich, vom Neumannschen Schlafanzug verfolgt, auf eine Christbaum-Umlaufbahn. Ein junger Hirte fiel kopfüber in die Mon-Cheri-Packung, war Sekunden später stockbesoffen.

»Kling, Glöckchen, klingeling ...«, lallte er. Überall stank es nach 4711. Die Heiligen Drei Könige – die Vater Neumann zwar noch fein säuberlich verpackt, aber für ihren Auftritt schon griffbereit hinter der Krippe verstaut hielt – wirbelten aus dem abgegriffenen Karton. Melchior blieb am Gummibaum hängen, Balthasar prallte auf eine Sammeltasse in der Schrankwand und sang: »Süßer die Glocken nicht klingen«. Casper hatte offensichtlich gewaltig eins auf die Krone bekommen. Auf seinem Flug Richtung Videoanlage brüllte er völlig unweihnachtlich aus vollem Holzhals: »I just call to say I love you ...«

Die zwei Schafe, die nach diesem Einschlag noch heil blieben, verstanden Weihnachten nicht mehr. Der Panzer rollte gute drei Zentimeter zurück in die Tiefe des Wohnzimmers, blieb ruckartig stehen, der Turm schwenkte nach rechts. Sohn Neumann visierte. Der Rauschgoldengel auf der Spitze hätte so gerne Alarm geschrien, doch außer »Leise rieselt der Schnee« brachte er nichts heraus. »Es ist ein Ros entsprungen«, sprudelte er huldvoll hinterher. Die roten und goldfarbenen Nüsse

– nach Tips von *Bild der Frau* fachgerecht von Mutter und Tochter Neumann gebastelt – sangen gerade ahnungslos im Chor: »Morgen kommt der Weihnachtsmann ...«

Nur eine betagte Christbaumkugel, die Herr Neumann von seiner Mutter geerbt, und die schon so manche Weihnachtsfeier erlebt hatte, erinnerte sich krampfhaft zurück. Und als der Stamm der Blautanne vom ersten Schuß zersplittert wurde, sich die Zweige wütend schüttelten, so daß das Lametta nur so herumwirbelte, und er nicht wahrhaben wollte, daß er im Christbaumständer keinen Halt mehr fand, in seiner Todesangst »Oh Tannenbaum« anstimmte, schließlich der Länge nach ins Wohnzimmer krachte, fiel es der Christbaumkugel wieder ein: Weihnachten vor Jahrzehnten in Nürnberg, Christbäume am Himmel, Sirenen, Schreie, Flammen ...

Und im Eßzimmer dudelte das Radio »Stille Nacht, Heilige Nacht...«, und die Weihnachtsgans in der Küche träumte von ihren polnischen Freundinnen.

Maximilian Kerner
Advend-Bluus

Wenn am verddn Advend
A aanzichs Lichdler bloos brennd
A grouß und ka glanns
Dann brennder, der Grands.

Lothar Kleinlein
wenn der buldser kummd

waddner
bou
wenn der buldser kummd:
der baggdi ban gnagg
gschaid baidln douderdi
wallsd immer ned barriersd

der nimmdi mihd
in saim sohg
dou kohsd dann schraier
dou horchd der gohrned drahf
der hauder häigsdns nu anne ins gfries
der nimmdi mihd in saim sohg

im sohg af saim fohrrohd
underwegs dauchderdi amohl in di bengerds nai
midsammdn sohg
daßder ned zwarm wärd
noucherd zäichderder die blechhuhsn oh
(obber däi o h n e scharnierler!)
und läßd di erschd in Schwainau odder Schdaa
widder lous

dou kohsd nou schauer
wäisd hammkummsd

waddner
bou
iebermorng kummder
der buldser
ihch hobbnern scho delefonierd

Jean Paul
Lange Zaubernacht

Der freudige Narr hatte unter dem Schreiben den Kopf geschaukelt, die Hände gerieben, mit dem Steiße gehüpfet, das Gesicht gebohnt und an dem Zopfe gesogen. – – Jetzt konnt' er abends um fünf Uhr aufspringen, um sich zu erholen, und durch den magischen Dampf der Pfeife in seinem Bauer wie ein frischgefangener Vogel auf- und niederfahren. In den warmen Rauch leuchtete die lange Milchstraße der Straßenlaternen, und an seinem Bettvorhang hinauf lag rötend der bewegliche Widerschein der brennenden Fenster und illuminierten Bäume in der Nachbarschaft. Nun nahm er den Schnee der Zeit von dem Wintergrün der Erinnerung hinweg und sah die schönen Jahre seiner Kindheit aufgedeckt, frisch, grün und duftend vor sich darunter stehen. O es ist schön, daß der Rauch, der über unserem verpuffenden Leben aufsteigt, sich wie bei dem vergehenden Spießglas in neuen, obwohl poetischen Freuden-Blumen anlegt! – Er schauete aus seiner Ferne von zwanzig Jahren in die stille Stube seiner Eltern hinein, wo sein Vater und sein Bruder noch nicht auf dem Welkboden und Darrofen des Todes einschwanden. Er sagte: »Ich will den heiligen Weihnachts-Abend gleich von früh an durchnehmen.« Schon beim Aufstehen traf er auf dem Tische heilige Flitter von der Gold- und Silberfolie an, mit der das Christuskind seine Äpfel und Nüsse des Nachts blasonieret und beschlagen hatte. – Auf der Münzprobationswaage der Freude ziehet dieser metallische Schaum mehr als die goldnen Kälber, die goldnen Pythagoras-Hüften und die güldnen Philister-Ärse der Kapitalisten. – Dann brachte ihm seine Mutter zugleich das Christentum und die Kleider bei: indem sie ihm die Hosen anzog, rekapitulierte sie leicht die Gebote, und unter dem Binden der Strümpfe die Hauptstücke. Wenn man kein Talglicht mehr brauchte: so maß er, auf dem Arm des Großvaterstuhles stehend, den nächtlichen Schuß des gelben klebrigen Laubes der

Weihnachtsbirke ab und wandte viel weniger Aufmerksamkeit als sonst auf den kleinen weißen Winterflor, den die Hanfkörner, die die oben hängende Voliere verzettelte, aus den nassen Fensterfugen auftrieben. – Ich verdenke dem J. J. Rousseau seine flora petrinsularis* gar nicht; aber er nehme auch dem Quintus seine Fenster-Flora nicht übel. – Da den ganzen Tag keine Schule war: so war Zeit genug übrig, den Metzger (seinen Bruder) zu bestellen und das Hausschlachten (wenn war besseres Frostwetter dazu?) vorzunehmen. Der Bruder hatte einige Tage vorher mit Lebens- und Prügelgefahr das Maststück in dem Luftloch eines Schloßfensters gefangen, indem er, auf der Fensterbrüstung stehend, die hinausgebogene Hand auf das Nachtlager des darin hockenden Mastochsen – so nennten sie den Spatzen – deckte. Es fehlte der Schlachterei weder an einem hölzernen Beile, noch an Würsten, Pökelfleisch u. dgl. – Um drei Uhr setzte sich der alte Gärtner, den die Leute den Kunstgärtner nennen mußten, mit einer kölnischen Pfeife in seinen großen Stuhl, und dann durfte kein Mensch mehr arbeiten. Er erzählte bloß Lügen vom äronautischen Christuskind und vom rauschenden Ruprecht mit Schellen. In der Dämmerung nahm der kleine Quintus einen Apfel, zerfällte ihn in alle Figuren der Stereometrie und breitete sie in zwei Abteilungen auf dem Tische auf; wurde nachher das Licht eingetragen: so fing er an zu erstaunen über den Fund und sagte zum Bruder: »Sieh nur, wie das fromme Christkindlein mir und dir bescheret hat, und ich habe einen Flügel von ihm schimmern sehen.« Und auf dieses Schimmern lauerte er selber den ganzen Abend auf. –

Schon um acht Uhr – er steifet sich hier meistens auf die Chronik seiner Zettel-Kommode – wurden beide mit wundgeriebenem Halse und in frischer Wäsche und der allgemeinen Besorgnis, daß der heilige Christ sie noch außer den Betten erblicke, in diese geschafft. Welche

---

*Die er von seiner Peterinsel im Bielersee liefern wollte.

lange Zaubernacht! – Welches Getümmel der träumenden Hoffnungen! – Die gestaltenvolle, schimmernde Baumannshöhle der Phantasie zieht sich in der Länge der Nacht und in der Ermattung des träumerischen Abarbeitens immer dunkler und voller und grotesker hin – aber das Erwachen gibt dem dürstenden Herzen seine Hoffnungen wieder. – Alle Töne des Zufalls, der Tiere, des Nachtwächters sind der furchtsam-andächtigen Phantasie Klänge aus dem Himmel, Singstimmen der Engel in den Lüften, Kirchenmusik des morgendlichen Gottesdienstes. –

Ach das bloße Schlaraffenland von Eß- und Spielwaren war es nicht, was damals mit seiner Perspektive wie ein Freudenstrom gegen die Kammern unsers Herzens stürmte und was ja noch jetzt im Mondlicht der Erinnerung mit seinen dämmernden Landschaften unsere Herzen süß auflöset. – Ach das war es, das ists, daß es damals für unsere grenzenlosen Wünsche noch grenzenlose Hoffnungen gab; aber jetzt hat uns die Wirklichkeit nichts gelassen als die Wünsche!

Endlich liefen schnelle Lichter der Nachbarschaft über die Wand, und das Weihnachts-Trommeten und Hahnengeschrei vom Turm riß beide Kinder aus den Betten. Mit den Kleidern in den Händen – ohne Bangigkeit vor dem Dunkel – ohne Gefühl des Morgenfrostes – rauschend – trunken – schreiend stürzen sie von der Treppe in die dunkle Stube. – Die Phantasie wühlet im Back- und Obstgeruche der verfinsterten Schätze und malet ihre Luftschlösser beim Glimmen der Hesperidenfrüchte am Baume. – Unter dem Feuerschlagen der Mutter decken die fallenden Funken das Lustlager auf dem Tisch und den bunten Lusthain an der Wand spielend auf und zu, und ein einziger Glut-Atom trägt den hängenden Garten von Eden. – – –

Jochen Lobe
Ballade vom Advent

das Signal steht auf Grün
die Uhr auf zwölf
die Gemeindehirten in Schwarz
bereit zum Chorgesang

der Pfarrer im Wartesaal
an den Lautsprechern baumeln
adventliche Sterne
der rote Teppich ausgelegt

Rangiergeräusche Pfiffe
das summende Ausrollen
eines Waggons, bis dumpf er
auf den Prellbock stößt -

Gesichter chorisch
und vereinzelt:
wo isser denn?
wo bleibt er denn?

(zuhaus der Kardinäle
Purpur aus der Glotze –
großer Gott sie über alles
zwingen alles rüber in Grüßgott)

Nevfel Cumart
weihnachten

wieder eilte
das weihnachtsfest heran
eine gesegnete ruhige weihnacht
besinnung zum jahresende

doch in jugoslawien
wütet noch immer krieg
in der ehemaligen sowjetunion
friert die hälfte der menschen
die andere hälfte hungert
in belfast explodieren autobomben
in rio de janeiro wird
zur jagd auf straßenkinder gehetzt
im osten der türkei
kurden niedergemetzelt
und im kalten deutschland
im jahre zwei nach der Vereinigung
werden asylantenheime in brand gesteckt

wahrlich herr
warum schenktest du mir augen und ohren
denn dein fest in frieden zu begehen
glaube mir ist so einfach nicht

Thomas Reglin
Eine Weihnachtsgeschichte

Für den alten Zyniker war es kein leichtes Jahr gewesen, weiß Gott nicht.

Gewiß, er hatte neue, stets für unerreichbar gehaltene Höhen der Menschenverachtung erklommen und sich zu wahren Orgasmen der Unwertigkeit aufgeschwungen. Er hatte praktisch täglich ein mittleres Heiligtum geschändet, ohne Ansehen der Religionsgemeinschaft. Aber was nützte der schönste, wurzelloseste Zynismus, wenn die Mitmenschen ringsum so abgebrüht und gleichgültig waren? Auf nichts konnte man sich mehr verlassen.

Im Oktober war es gewesen, der Zyniker ging im nassen, herbstlich bunten Stadtpark spazieren, da begegnete ihm eine hennagefärbte Frau in weitem lila Kleid, die einen Kinderwagen mit – zweifelsohne ökokostgepäppelten – Fünflingen schob. Gar lang hatte er eine ähnlich anrührende Szene nicht gesehen. Wundervoll, so dachte er, mußte es sein, vor einer Frau wie dieser alles Gute, Wahre und Schöne in den Staub zu treten.

Und so sprang er denn übermütig vor die leise singende Mutter hin und krächzte mit haßverzerrter Stimme: »Ich scheiße auf alles Gute, Wahre und Schöne!« Herausfordernd sah er die Fremde mit den unschuldigen Zügen an.

Was aber erreichte er damit? Befremden? Erschütterung? Wut und Trauer? Suchte die Angesprochene Deckung im nahen Buschwerk? Nichts von alledem.

Die junge Mutter erklärte dem Zyniker, sie finde seinen Standpunkt »total interessant«, und fragte in vollem Ernst, ob »er ganz persönlich« erwarte, auf diese Weise »glücklich zu werden«. Es war eine Niederlage, von der der alte Zyniker sich lange nicht erholte.

Jetzt nahte die Weihnachtszeit, und alles sah wieder ein wenig rosiger aus. Überall wurden dämliche Lieder gesungen, saublöde Glöckchen bimmelten, eklige süße Gebäckstückchen wurden mit kunstschneeüberzuckerten Tannenzweigen garniert. Kurzum – Stimmung war angesagt.

Wenn der Zyniker böse kichernd hinter einer der Christmarktbuden hervorsprang und mit haßverzerrter Stimme brüllte, er scheiße auf alles Gute, Wahre und Schöne, fand sich durchaus hie und da ein Lebkuchenhändler, der ihn, um seine Kundschaft fürchtend, bat, er möge doch ein paar Meter weitergehen.

»Das ist aber nicht schön!« mahnte ein altes Mütterchen. »Sie sollten sich das schon noch einmal überlegen.«

Doch das Beste an der Weihnachtszeit waren die unzähligen Wohltätigkeitsgesuche, die man, hämisch grinsend, allüberall ausschlagen konnte. Keinen Pfennig gab der Zyniker dem engelsgleichen Schulmädchen, das für junge Mütter in hohen Staatsämtern sammelte. »Bin selber Mutter«, knurrte er nur und ging seines Weges.

Den Diakonissen, die vor dem Dom einen Stand mit mundgeschnitzten Sammelbüchsen aus Neuguinea aufgebaut hatten, erläuterte er, von seinem abgebrochenen Philosophiestudium profitierend, leutselig, daß der Satz »Gott ist inexistent, oder er ist ein Sodomit« eine vollständige Disjunktion darstelle.

An dem beinlosen Zyniker, der neben seinem Pappschild »Ich scheiße auf alles Gute, Wahre und Schöne« in der Fußgängerzone saß, humpelte er, ein steifes Bein vortäuschend, mit dem Ausruf »Gott segne dich!« vorbei.

Einmal freilich überkam den alten Zyniker fast so etwas wie Rührung. Ein kleiner Junge bettelte ihn in der Fußgängerpassage um fünf Mark an, weil »der Berti« die große rote Zunge seines Plüschpinguins abgerissen und kaputtgemacht habe. Er wolle Arnold – so heiße nämlich der Pinguin – gern eine schöne neue Zunge kaufen, seine Mutter werde sie auch annähen, nur bezahlen könnten sie sie nicht, die Ersatzzunge koste fünf Mark, die hätten sie nicht, die Familie sei arm, der Vater arbeitslos, außerdem trinke er und ...

»Wie heißt du denn?« unterbrach da der Zyniker lächelnd.

»Arnold«, antwortete der kleine Junge hoffnungsfroh.
»Dein Pinguin kann mich am Arsch lecken, Arnold.«
»Eben nicht, alter Zyniker. Weil er keine Zunge hat.«
Das fand der alte Zyniker nun doch ziemlich gut gegeben, und er schenkte dem kleinen Jungen einen rostigen alten Reißnagel mit der Bemerkung, der heiße Arnold, und er solle ihn in den Vorderreifen seines Fahrrädchens stecken, falls er eines habe; das bringe Glück.

Bei den letzten Worten hatte sich jedoch die Mutter des Jungen, eine frühergraute zahnlose Frau, aus der Menge gelöst und begann, den alten Zyniker laut zu verfluchen. »Angst und Schrecken werden sein in deinem Hause. Die Bäume werden den Mund auftun und werden sprechen, und du wirst den Weihnachtsabend verbringen einsam und in großer Not.«

Der Zyniker war jedoch der letzte, der auf solche Reden etwas gegeben hätte. Er schenkte der Frau noch eine gebrauchte Zahnbürste, die er in seiner Tasche fand, und zog hochzufrieden von dannen.

Am Abend des 24. Dezember – er schmückte gerade seinen Weihnachtsbaum mit (selbstverständlich gebrauchten) Parisern – war der Zyniker dann doch einigermaßen erstaunt, als die mächtige Tanne mit einem Mal den Mund auftat und mancherlei derbe Flüche hören ließ. Ja, der alte Zyniker verspürte für einige Augenblicke tatsächlich so etwas wie »Angst und Schrecken«.

Es zeigte sich dann aber bald, daß die Invektiven seines Weihnachtsbaums ihrerseits von gediegenem Zynismus getragen waren und daß die beiden, gesinnungsmäßig betrachtet, insofern voll auf einer Linie lagen. Es wurde eine harmonische Feier mit derben Scherzworten und viel Gelächter. Von »Einsamkeit und großer Not« konnte in gar keiner Weise die Rede sein.

»Ein ausgesprochen netter Weihnachtsabend«, dachte der alte Zyniker, als er sich spät nachts mit einigen Schnittchen und einer Tasse Pfefferminztee ins Bett zurückzog, um vor dem Einschlafen noch ein bißchen Pornovideos zu gucken.

Harald Weigand
Weinachdsdrilogie

Weinachdn

Weinachdn –
Heä mä na auf
mit Weinachdn –
Jedz Joä hassdz
Heiä wäddsi
nix gschengd –
Und dann
hulläd
di ganze Schdumm
voll
vo demm
ganzn
Gschlamb.

Äschdä Feiädohch

A schehnz Genzla
mid dichdi
vill Filli
und
a boä gscheida
roa Glähs
khäzzi scho
sunsd weä dehs
jo ka Weinachdn.

In grehna Salohd
demmä dohdäfiä
grohdn*.

*grohdn = darauf verzichten, weglassen

Zweidä Feiädohch

Ach, Weinachdn.
Iech wahs nedd.

Iech wahs wärgli nedd,
dehs iss doch jehz Joä desselbe
dä Lax, dä Karpfm, di Ganz
und di ganzn Blezzli iebäranannä,
die Nämmberchä am äschdn Feiädohch,
di Dischbeggä* am zweidn
oddä rumgedrähd,
Haufmweis Wei und Bralihna,
grohd sedda schoglohdia,
wu kannä mohch,
di Sissi, dä Bedä Alexandä
und iss Weinachdskonzäd,
die henga ahn ezz ah ball zum Halz naus,

di ahnziche Abwexlung
woä heiä
di neie Kundschdoffdanna,
und die soll hunnäd Joä haldn.
Alzo, iech wahs nedd.

*Dischbeggä = Diespecker; Verwandschaft aus dem Ort Diespeck

**Fitzgerald Kusz
weihnachten**

wäiä inn zählä ooglesn houd,
dä läichdmoo,
machdä sei däschlä auf
und zeichdmä ä düdlä:
dou houi es krisdkindlä
fiä mei goldfisch,
sachdä,
im summä senns in meim gaddn
und im windä kummers in di waschküchn,
obbä zdick werrn derfns ned!

**Godehard Schramm
Nürnberger Rauschgoldengel.
Eine Litanei**

Hinter der harmonischen Rundung der Rosette der ENGLISCHE GRUSS. Fragte als Kind: Warum gibt's nicht einen französischen oder einen amerikanischen? Begriff nicht, wo jedermann wußte. Sagte eine Frau zu einer anderen: GEGRÜSSET SEIST DU MARIA, DU BIST VOLL DER GNADE UND GEBENEDEIT UNTER DEN WEIBERN.

Immer waren die Weiber die siebenmal häutigen Marktweiber in ihren siebenfach geschichteten Trachtenrockzwiebelringen, nickten zwischen Lauch und Rosenkohl, Wirsing und Spitzkraut: »Wos braung mer denn? Sou, nemmer ah nu woas mihd?« Unter ihren weißroten Windundwetterschirmen sagen sie immerzu, ihr Blaukraut wäre das blauste, ihre Kartoffeln die augenlosesten, ihre Eier die legefrischsten, ihre Mastenten und Giekerli die fettlosesten. GEGRÜSSET SEIST DU MARIA DU BIST VOLL DER GNADE. Wann begann das Maria-Marianne daß der geschwellte Körper frei im Kirchenraum baumelt und die Gnade unversehrt vorübergeht an den Verführungen sich fügt in stumpfes

Hostienweiß eingeht unter jedes Dach und die Schuld hinwegnimmt und manchmal wimmert nach geschlossenen Gesellschaften GEBENEDEIT IST DIE FRUCHT DEINES LEIBES ausgekotzt zu Weihnachten in den Auslagen zu Spott wenn nichts niederkommt als das boshafteste Gebimmel aus Fernseheutern blaue Magermilch mit der man die Sehnsucht der Kinder nach dauernder Anwesenheit der Eltern verbrüht O FRUCHT DEINES LEIBES und geht doch über den Christkindlesmarkt alle Jahre wieder geschubst und gestoßen und angewidert und selig O FRUCHT DEINES LEIBES himmlischer Geburtsfehler diesem geschäftstüchtigsten aller Völker dessen Gott Merkur ist der Gott der Diebe und Händler ein Kind auszupressen diese Vorspiegelung josefsdummer Vatergeduld dieser kochenden Mutterbrustwärme und reißt schon alle Seligkeit im letzten Satz wenn sie auf die Geschenke stieren diese Erwartungen die Geschenkpsalmen der Werbung noch nie gingen die Geschäfte so gut wie heuer und drücken die Kinderherzen wie Katzenschnauzen in die eigene Pisse NIE passiert da das Wunder der Geburt zwischen trüben Kulturläden und städtischer Freizeitanimation und gurgelt noch immer GEGRÜSSET SEIST DU als fortwährender Alptraum von möglicher Gemeinsamkeit hoch im Kirchenschiff – in dem nach den ersten Judenverfolgungen die Pfarrer von St. Lorenz vor den Altar traten damals und die ZEHN GEBOTE sprachen: auch das geschah unter der GEGRÜSSET-SEIST-DU-MARIA und hat NICHTS geholfen und gurgelt noch immer durchs Kirchenschiff im weich geschnitzten Rosenkranz dem glorreichen dem schmerzensreichen und kriegsgewinnzählenden denn eine FESTE BURG ist unser Kriegszubehörlieferant am Ort und oberster Finanzherr des allererersten Fußballclubs O MARIA-Marianne die Gebete sind so schnell nicht zu modernisieren VOR ALLEM UNWETTER VERSCHONE UNS O HERR o Herr! Dich möcht ich sehen wenn du die Innenseite unseres Winselns anschaust und wegwerfen mußt wie windiges Brennholz: kein Kienspan fürs Fegfeuer und hättest genug in dieser

Stadt an Golfspielern Jaguarfahrern vornehmen Reitern an Sonntagvormittagen wenn sie zu feiner Musik wenigstens die Wärme der Pferdeleiber in ihren Hintern und Unterleibern dampfen spüren hättest genug an Fuchsjägern gemischten Stadträten und roten Pfifferlingen die überall wachsen und blöken wie das Oberschaf dem jeder Hut paßt zu jeder Gelegenheit dem das Wort Kultur nicht aus dem Maul kommt dem sogar ein schwarzer Hut paßt wenn er zu den wiederauferstandenen Juden geht und seinen lügenlosen Sermon sagt – den JUDEN haben sie keine Synagoge mehr hingestellt dazu reicht die Großmäuligkeit nicht als sie die Stadt verstohlen am Judaszäunchen vorbei wieder aufrichteten den zerdepperten Porzellanladen im Namen des Vaters und des Sohnes und des heiligen Kompromisses eingesegnet von der Gewerkschaftstyrannei der Parität – Du müßtest MARIA zusammenzucken vor soviel Schamlosigkeit soviel Gleichmut und Unterschlagung – denn immer noch ist hier das Blaukraut das blauste sind die Eier die legefrischesten und sticht man ein Faß an rein nach dem bayerischen Reinheitsgebot sprudelt es hervor: Wir waren schon immer eine Patrizierstadt, wir waren schon immer was Besonderes, im Geiz vornedran, uns erkennt man überall an unserem Dialekt, wir haben verspottet wie's kam, wir haben gelacht über den Pöbel, der den brotverteuernden Bäckern die Backstuben stürmte vor 300 Jahren, wir haben gelacht, als die schwarzweißroten Fahnen so gut zu unserem gotischen Putz paßten, wir haben den Polizeipräsidenten gewähren lassen, der Juden immerhin in plombierten Zügen zur spanisch-portugiesischen Grenze abtransportieren ließ (jetzt, wo sie doch ohnehin Vieh waren), und irgend jemand erinnert einen immer an ein Stück Vieh, und sei's bloß eine mordbereite Terroristin mit dem schönen dürerschen Namen van Dyck, wir haben uns nie gewehrt oder entrüstet, und wir haben das reinste Gewissen, weil wir immer ein paar Narren auf unserer Seite haben – ein paar tanzen auch hier immer aus der Reihe stören mit Geigenkästen in denen sie rote

Fahnen mitführen den brillenputzenden Sozialdemokraten und stellen sich auf die grünen Hinterfüße gegen Amibunker im Reichswald, gegen Überwachung von Wohngemeinschaften, gegen die zehnfach verdienenden Aufsichtsräte, gegen den obersten Losunger das Klaffmaul – und wenn einer zu frech wird, werfen wir ihn hinaus wie Albrecht Dürers Meisterschüler, bei uns gehört das Geld nicht zur schlechten Luft, und ist er nicht schön alljährlich, der Kinderlichterzug zur Burg – wir stehn hinter dem Club, und anstatt Christen lassen wir Trainer von Löwen zerreißen, ä mensch is doch suwisu net vyll wert, und nennen die ganze Woar unser Demogradie – MARIA, GEGRÜSSET SEIST DU – wo ist eigentlich Anna? Anna hängt neben dir im großen Rosenkranz. Wie ich ihre Zuversicht bewunderte: du seist gebenedeit unter den Weibern, wo hat sie diese Zuversicht her? Biegsam wie Gras, unbeugsam in den Hagelschauern deutscher Geschichte – Anna ist still und zeigt auf den Mond und die Sonne auf der Rückseite der Rosenkranzmedaillons – glaubst du wirklich HEILIGE ANNA, das Böse wäre die Kehrseite des Guten, wäre aus ein und demselben Metall, gehörte zusammen wie die goldene Sonne auf der einen Rückseite des Medaillons im dunklen Blausamt der Lorenz-Kirche und die goldene Mondsichel im noch dunkleren Nachtsamt – O ANNA, Freundin der heiligsten GOTTES-GEBÄRERIN, welche Sünde ist größer: eure Diener ermorden oder sich schütteln vor soviel Zuversicht, die in keinen Kopf geht, außer durch den Türspalt eines alles auflösenden Gebets? Diese Zuversicht, die jahraus, jahrein dahinfliegt wie Engelshaar, mit dem wir die Rauschgoldengel der Stadt schmücken – was sagst du? Ihr schönen Figuren wolltet nichts anderes sein als unberührbar und dennoch ohne Ekel vor dem Taubenmist dieser Stadt? Was sagt ihr zwei Frauen aus schönem altem Holz? Daß alles, was sich nicht zusammenreimt, auf einen Nenner ginge – auf den Nenner Gottes, nach dem uns verlangt, angeekelt von unserer Niedertracht, wenn wir eure beiden vergoldeten

Mäntel sehen und den Holzglanz eurer Augen, während draußen vor dem schweren Portal ADAM und EVA morgennackt und sandsteinkahl das Haus bewachen, das früher zu bauen glückte, so daß es mehr vereint als nur eine Familie, uns alle – und nebenan, während der Rauschgoldengel strahlt, sprudelt frech aus Bronzebrüsten unser Tugendwasser. Nur ihr beiden im ENGLISCHEN GRUSS kennt die unzählbaren Richtungen des Heimwehs.

Gerhard C. Krischker
wainachdn

1
alla joä
widdä

a schööna
bescherung

2
neemä a fichdn orrä a danna
dummä lamedda no orrä englshoä
dummä wachskäddsn drauf orrä äläggdrischa
ässmä a gons orrä a endn
dringmä a biä orrä an wain
dummä örschd ässn orrä örschd bäscheern
neemä äs guuda gschirr hoid scho orrä örschd morng
lisdä forrä di wainachdsgschichd foä orrä di klaa
schdellmä hoid scho di hailing drai könich auf orrä
   örschd näggsdn sundooch
soongmä deä klann äs griskind hodd än baam
   gschmüggd orrä deä babba
singamä o dannabaam orrä schdilla nochd
maansdä schloofondsuuch bassdä orrä solli na
   umdauschn

heemä äs gschengbabiä auf orrä dummäs fäschüän
gemmä um fümbfa nai di kärng orrä nai di meddn
schaumä om örschdn faiädooch baidä dand madda fobai
   orrä om dswaidn
ässmä bläddsla orrä an schdolln
machmä an bunsch orrä an glüüwain

lossmä di käddsn roobrenna orrä bloosmä si aus
hosd edsd dä oma a kaddn gschriim orrä müssmä nuch
   noo
fälld näggsds joä dä hailich oomd auf an samsdooch
   orrä an sundooch
gemmä nain bedd orrä blaimä nuch a weng auf
neemamä neggsds joä a fichdn orrä a danna
dummä neggsds joä lamedda no orrä englshoä
dummä neggsds joä wachskäddsn drauf orrä kaaf mä
   äläggdrischa
ässmä neggsds joä a gons orrä a endn ...

Günther Hießleitner
Mei Haalicher Ohmd

Am »Haalichen Ohmd« in dä Frieh,
wenn dä Weihnachtsstreß sein Höhepunkt kriecht
und di Leit ganz große Augn homm,
walls alle korz vorm Kollaps senn,
hogg iech miech in mein Obstkeller.

Deß iss a alter Felsenkeller
ohne Licht und Heizungsmief.
Iech stell a Kerzn auf
und laß mä a Seidla Most raus
an holzin Fäßla.

Und dann sauchä mi voll,
mit dem Gruch,
denn di Äpfel ausschnaufen.

Wie a truckner Schwamm nemmi alles auf,
denn Duft und di Ruh.

Im Kerzenlicht schau i anner Spinna zu,
wies ihr Netz ins Eck neihängt.
Deß Spinnanetz iss mei Uhr,
Foden fier Foden vergedd di Zeit,
gleichmäßi und ruhich.

Wenn in mein Seidla dä Buden kummt,
lass iss widder vollaafn.
Mei Zwaahundert-Literfäßla gibt su schnell ned noch.
Deß beruhicht miech ungemein.

Wenn iech am »Haalichen Ohmd« aus meim Keller
 rauskumm,
reecht miech nix mehr auf.

Ned amohl deß,
daß i heier scho widder a Rasierwasser geschenkt kriech,
obwohl i mei Lebtooch scho an Bort hobb.

Michael Zeller
Vom Geschenk des Verschwindens

Weihnachten – es herrschte Weihnachten. Weihnachten entkommt man nicht.

Das wurde mir erst klar, als ich eintraf in der anderen Stadt. Jetzt war ich da, wo ich mich hingewünscht hatte, um dem festtäglichen Lebensstillstand zu entgehen. Und was war anders hier? Nichts. Auch auf Berlin lastete Weihnachten.

Aus der leeren fremden Wohnung war ich schnell wieder geflohen. Der Freund, der sie mir überlassen hatte, war in die entgegengesetzte Richtung vor Weihnachten ausgerissen. Ich hegte meinen Zweifel, daß es ihm dort besser erginge als mir hier, und, ehrlich gesagt: Das hätte ich auch als eine große Ungerechtigkeit des Lebens empfunden. Er hatte mir einen Brief aufs Bett gelegt, durch den Computer gezogen: wo es die besten Brötchen gebe im Sprengel, wo die besseren Weine, wie seine Kaffeemaschine funktioniere, wo Kafka gewohnt habe, dazu die letzten Wahlergebnisse des Viertels: hoher CDU-Anteil, »jetzt erst recht«, seit Hinfall der Mauer.

Das alles half mir wenig beim Hineindämmern in den Heiligen Abend. Sollte ich denn wirklich eine katholische Kanne Kaffee trinken zu dieser Stunde? Und selbst wenn ich Lust auf Lebkuchen und Spekulatius verspürt hätte – unersättlich herrschte Weihnachten. Und überübermorgen, am Werktag, konnte alles schon zu spät sein.

Schnell weg, wie gesagt, aus der fremden Intimität. Schweifte durch den Wohnbezirk, die Dunkelheit überholte mich dabei. Zwei, drei Wirtshausschilder leuchteten mir zum Fest. Aber betrinken wollte ich mich nicht, weder mit besseren Weinen noch überhaupt. Das war mir dieses Bethlehem-Spektakel denn doch nicht wert. Kafkas Wohnhaus – wohin sonst hätte ich mich wenden sollen? Fand es an einer Straßenecke, unter den Schnörkeln eines verjährten Geschmacks, und mutlos dazu – auch Kafkas Wohnhaus gab nichts her für mich. Eine Tafel neben der Tür – zu weit, zu dunkel, um sie zu entziffern. Das Gartentor versperrt. Nebenan ein Baugrundstück. Über den ausgebeulten Zaun an dieser Seite hätte ich in den Garten einsteigen können – wozu? Um diese Tafel zu lesen? Oder um einzubrechen? Das Gehege Kafkas lag in bedrohlicher Dunkelheit. Wahrscheinlich lauerten sie da drinnen nur auf Feinde, hatten mich schon im Visier, hofften, das Gewehr auf den Knien, womöglich ein Geschenk zu Weihnachen, beteten, daß ihnen der Fremde Grund gebe, endlich loszuschlagen, litten genauso unter diesen Tagen wie ich und alle Welt. Dagegen kam auch kein Kafka an, weder tot noch lebendig.

Trottete weiter, in eine beliebige andere Richtung, kam an einen Platz. Dort eine Bushaltestelle, mit Unterstand, die Tabellen der Linien. Selbst wenn mir die Orte und Zeiten etwas gesagt hätten – mir war gerade nur gewärtig, daß just die Weihnacht sich ereignete –, sie waren nicht zu lesen. Also wartete ich. Ich wußte nicht worauf. Wartete. Aber es war doch kein Herumstehen ohne Sinn und Ziel. Es konnte ja wirklich geschehen, daß irgendwann ein Bus daherkäme. Unverdächtig den einzeln vorbeihuschenden Passanten stand ich da, gerechtfertigt vor mir selbst. Das Warten an einer Bushaltestelle ist eine vollkommen ehrenwerte Beschäftigung, für die man von niemandem zur Rechenschaft gezogen werden kann. So hielt ich Einkehr vor meiner Kurzzeitherberge aus Plastik und Glas und wartete, wartete genau so, wie man an einer Haltestelle eben wartet. Die aus dem Alltag herübergerettete Situation gab mir wieder ein wenig Form in der Dunkelheit der Fremde.

Und, da Weihnachten wirklich wirklich ist, begab sich das Wunder. Es kam ein Bus. Tatsächlich – ein hell erleuchtetes hohes Blechgewölbe teilte die Nacht und wälzte sich auf mich zu. Jawohl! Nur ich war gemeint. Anhaltend am Bordstein, seufzte die Hydraulik auf vor mir, hieß mich willkommen. Nach Britz fahre er, sagte der Fahrer, gottlob ohne jeden Festtagston. Also stieg ich ein. Britz hatte ich noch nie gehört, es klang aber unverdächtig – er hätte ja auch eine Herz-Jesu-Kirche oder ein Bethesda-Krankenhaus oder dergleichen ansteuern können.

Den ganzen Bus hatte ich für mich allein. Ich saß im Oberdeck, vorne in der ersten Reihe, Hochsitz über den Straßen, ließ mich bescheren mit Panoramablick auf Welt und Himmel, die Füße auf dem Fensterbrett. Meine Schuhsohlen spiegelten sich in der Frontscheibe, ohne meilenweite Löcher, sagten mir, daß ich es sei, unentrinnbar, der hier durch die dunklen fremden Straßen fahre. Wer jetzt kein Haus hat ..., deklamierte ich mit einem gotterfüllten Grinsen in die Kuppel des Blechdoms über mir, weil es mir jetzt schon bedeutend besser ging, diesen herrlichen Vers von Kafka oder einem anderen Prager Dichter.

Und schaukelte vorbei an den Bleiben der Menschen, auf der Höhe des ersten Stocks. Vereinzelt nur Weihnachtssterne und -räder, die in wechselnden Farben die Ödnis dieser Tage nach außen funkten. So deutlich wie in dieser Stunde erkannte ich es noch nie: Das Sprinkelgelichter richtete sich eindeutig nach außen. Hinter dichten Vorhängen, schweren Gardinen war dem Taiwanplunder der eigene Wohnbereich versperrt, und so gab der christliche Schaltkreis ein Blinkmuster von entnervend ostasiatischer Eintönigkeit an die Straße weiter, daß es dort die anderen behellige.

Diese Sadisten! frohlockte ich. Selbst wollen sie mit dem faulen Weihnachtszauber nichts zu schaffen haben, aber ihre Umwelt – die kujonieren sie damit. Wer jetzt ein Haus hat, treibt sich selbst heraus. Wer aber keinen Christbaum hat –

Die Straßen lagen verödet da. Als einzige Inseln des Lebens trösteten meine Seele die Imbißstände. Am liebsten hätte ich meinen Chauffeur, der mich exklusiv durch die Dunkelheit fuhr – am liebsten hätte ich den Domestiken zum Anhalten aufgefordert, um ihm eine thüringische Bratwurst zu spendieren, mit Pommes, weil wir doch nun schon mal das Weihnachtsgeschehen teilten. Von oben sahen sie verheißungsvoll appetitlich aus, die Würstchen, und durch die Scheiben roch man ja nichts. Und der Brater, der weihnachtsverlorene türkische Herzensbruder, hätte genügend Zeit für einen Plausch mit uns, denn vor den Ständen war es nahezu leer. Selbst die Wermutapostel begingen offenbar das Fest, hatten eine Krippe gefunden für diese eine hochheilige Nacht, hoffentlich feucht genug. Ich wendete mich zurück, um mich noch mit einem langen letzten Blick an den Pyramiden aus roten Coladosen, giftgrünen Sprite- und orangefarbenen Fantadosen zu laben, wie ein Ertrinkender in der Wüste weihnachtlichen Graus.

Farben! Genau, das war's! Wer jetzt noch keinen Christbaum hat, sollte sich Ostereier färben ... Dieses – nun ja – Distichon entsprach meiner gehobenen Seelenlage jetzt vollkommen. Schon sah ich meine Hand in der weiten Frontscheibe, wie sie auf dem Oberschenkel wieder irgend etwas in das Notizbuch kritzelte. Wenn ich mich schon nicht an einer Bratwurst erquicken durfte, Senf an Senf mit meinem Fahrsklaven da unten, dem ich gerade die familiäre Weihnachtstragödie ersparte – meine Wortspiele immerhin blieben mir. Die konnte mir keiner nehmen, selbst das Christkind nicht – nur: Wollte sie jemand?

Der Dichter steht einsam zur Welt, sagte ich mir mit staubtrockener Nüchternheit. Keineswegs war ich gesonnen, selbstmitleidig vor Weihnachten in die Knie zu gehen.

O nein, wenigstens einer in dieser Stadt mußte kühlen Kopf bewahren. Auf der Hut sein, für die anderen, stellvertretend – wer aber dankt einem das? Was bekommt der Dichter zurück für seine Dienste am Ganzen? Erschütternd wenig.

Nehmen wir nur einmal mich. Sitze da auf meinem mobilen Hochsitz über der Welt und halte Wacht und verwandle die Unbehaustheit des postmodernen Menschen, gerade auch an Weihnachten, in Verse (siehe oben). Hat man nicht ein Recht darauf, dafür ein wenig geliebt zu werden? Ach nebbich! Liebe – die gibt's doch jetzt zu Weihnachten im Sonderangebot mit goldenen Schleifen. Liebe ist ein Phantom, zusammengebraut in einem Labor von Religionsstiftern und Werbestrategen. Aber wie wäre es mit Achtung? Ja, Achtung vielleicht ... Und warum nicht ein bißchen gefürchtet werden: das wäre doch zweifellos auch ganz angenehm für das empfindsame Herz des Dichters ... oder etwa nicht?

War es denn nicht wirklich, bei Neon besehen, eine Schande, wie vollkommen ungenutzt jetzt meine Anonymität verfiel? Ich war gerade ein paar Stunden in dieser Stadt, kein Mensch wußte, daß ich hier steckte, kein Mensch hatte mich gesehen bisher außer dem Busfahrer, auf unserer gemeinsamen Wallfahrt nach Britz, keiner vermißte mich – ich war der Welt verlorengegangen.

Peter Engl, Weihnachtsbaum (1996)

Um Mißverständnissen vorzubeugen: nicht daß ich Appetit verspürt hätte auf Blaulicht und Tatütata, das mir gelten könnte. Nein, keineswegs. Aber die vollkommen vergeudete Diskretion, diese täterneutrale Unauffälligkeit reute mich doch sehr. Andere, auch in dieser Stadt, würden ein Vermögen dafür geben. Wie, wenn ich meine Anonymität veräußerte an jemanden, der sie dringend brauchte, in dieser Stunde, zu Weihnachten, da ihm die Polizei auf den Fersen sitzt – der mit meinem brachliegenden Rumpelstilzchen-Glück seine Existenz, ja sein Leben retten könnte –, von einem entspanntgemütlichen Abend unterm Christbaum im Bratenduft seiner Lieben gar nicht zu reden?

Der Dichter steht quer zur Welt. Warum machen wir keinen nutzbringenden Nebenerwerb daraus – uns selbst und anderen zum Segen? Mit großer Ruhe zog der Bus seine Bahn. Nur wenn er in die Buchten der Haltestellen einbog, obwohl an ihnen niemand stand, mußte mein Körper dagegenhalten, um seine Gleichgewichtslage nicht zu verlieren. Die Straßen der fremden Stadt hatten bereits jedes Interesse für mich verloren. Bedauernd beäugte ich noch einmal des Spiegelbild vor mir in der Windschutzscheibe: der graue Tuchmantel, der Schal in gedeckten Farben, Brille, Standardhaarschnitt – perfekte Tarnung, die Unauffälligkeit in Person –, und alles für die Katz!

Der Weg nach Britz nahm kein Ende. Mein Chauffeur verlor sich in der Genormtheit von Vorstädten. Selbst die Imbißstände wurden rar. Langeweile – lange Weile breitete sich aus in mir. Aber noch hielt der Körper still, meldete keine Bedürfnisse an. Es war warm, ich saß bequem hier oben, das Rollen und sanfte Rucken meiner Sänfte taten mir gut, und so ging ich auf eine andere Reise, mit meinem Kopf, dachte an Jerzy und erzählte mir auf der tristen Strecke nach Britz seine Geschichte noch einmal, bei der mir seinerzeit ein Licht aufgegangen war.

Was soll ich Ihnen von Jerzy sagen, daß Sie sich wenigstens ein grobes Bild von ihm machen können? Jerzy lebt in Warschau, ist Anfang Sechzig, Schriftsteller und

– ein Herr. Ja, ich muß es so altmodisch ausdrücken. Das Wort löst auf Ihrem Gesicht ein Lächeln aus, nicht wahr, ich täusche mich nicht? Und ich verstehe Sie gut – von Tadel keine Spur. Was soll man auch mit einem Wort anfangen, für das es hierzulande keine Entsprechung mehr im Leben gibt? Kein Wunder, daß es dann lächerlich klingt. Aber die Art, wie Jerzy sich kleidet (»trägt«), wie er sich bewegt beim Gehen (Schreiten), ja selbst wie er, am Straßenrand stehend, eine Bratwurstsemmel ißt (verspeist) und sich mit einer Papierserviette den Senf von der Unterlippe wischt – das alles hat bei ihm ein langes Formentraining hinter sich und wirkt doch vollkommen natürlich.

Am meisten »Herr« aber ist Jerzy, wenn er spricht – es ist schwer zu beschreiben. Soll ich formulieren, er spreche »wie mit abgespreiztem kleinen Finger«? Etwas von dieser Künstlichkeit hat es zweifellos, und ein ganz klein wenig reizt es auch zum Lachen, wie Jerzy die Silben mit seinen Lippen moduliert – so als lege er seine Hände, zerstreut und doch vollkommen gesammelt, auf den nackten Leib einer Frau. Sprache verquillt in seinem Mund nicht zur bloßen Verständigung. Seine Worte – es ist ein Antupfen, ein Anzupfen, das sie leicht macht und aus seinem Mund herausschweben läßt, hingetragen von einer sonor rollenden Männerstimme, nicht zu hoch und nicht zu tief. Obwohl ich von Jerzy nur das Wenige gelesen habe, das ins Deutsche übersetzt worden ist, hat er deshalb nicht nur als Freund, sondern auch hinsichtlich seiner Kunst jeden Kredit bei mir. Ihm glaube ich es. Und vor allem: Er erzählte mir diese Geschichte.

Es sei auf einer Lesereise geschehen, irgendwann, vor Jahren, durch die polnische Provinz. Er saß, auf der Rückfahrt nach Warschau, in einem Bummelbähnchen, an einem Vormittag, in dieser Stimmung von Leere, von Müdigkeit, von Nervosität – »na ja, du weißt schon«. Was ich aber kaum wisse: die Umständlichkeit des Reisens mit der polnischen Eisenbahn. Ein Umsteigen nach dem anderen, und dann – an jedem Misthaufen beinahe halte der Zug, ehe er sich weiterschleppe zum nächsten. Die Anstrengung der Lokomotive jedesmal beim Anfahren – es sei, als übertrage sie sich auf den Fahrgast, als Lähmung, wenn man kein Fatalist sei, und das sei er ja nun einmal nicht, leider, sagte Jerzy, und lachte. Immerhin, wörtlich genommen, nicht wahr: Zug komme von Ziehen, und in der polnischen Provinz, da könne man diese Wortwurzel in lebhaftester Anschauung erfahren: »erfahren«! – und wenn du dann noch in einer besonderen Stimmung bist, an so einem nutzlosen Vormittag zum Beispiel, dann zieht es dich schon gehörig mit nach unten, gratis im Fahrpreis inbegriffen ...

Wenigstens hatte er sich einen Fensterplatz ergattert im überfüllten Abteil, als der Zug gerade wieder einmal – du kannst es dir einfach nicht vorstellen, wie oft er das tut in der polnischen Provinz – in einen Bahnhof einfuhr. Immer wieder sei zwischendurch eine Welle der Nervosität durch ihn hindurchgegangen, bis in die Fingerspitzen hinein, alle zehn, siehst du? Immer wieder habe er sie niederringen müssen, die zähe Qualle. Warum ist man kein Heiliger geworden, sondern nur ein Schriftsteller?

Der Zug stand am Bahnsteig. Ich wollte die Augen schließen vor der öden Hektik des Ein- und Aussteigens, als mir eine Frau auffiel, nicht weit neben dem Kiosk. Sie saß da, still, auf einer Bank, umgeben von den Eilenden und doch unaufstörbar, saß da und las, las in einem Buch. Bei uns in Polen liest man keine Zeitungen, weißt du, damals jedenfalls nicht. Bei uns liest man Bücher. Eine jüngere Frau. Ob sie schön war, fragen mich deine Augen. Mein Lieber, es tut mir leid, aber da muß ich passen, wenn ich einmal ganz ehrlich sein soll. Blond, ja blond – oder magst du dunkle Frauen lieber? Doch, natürlich war sie schön. Wie kann ein Mensch, der Bücher liest, nicht schön sein, und noch dazu in diesem Trubel? Aber, wie gesagt, ich bleibe bei der Wahrheit, ich will dir doch keine Geschichten erzählen, sagt Jerzy und blitzt mir in die Augen. Ich hatte nämlich gar nicht die Zeit, genauer auf die Frau zu achten, wie sie aussieht, ihr Gesicht, die Kleidung. Ich schaute ihr auf die Hände, besser gesagt: auf das Buch. Ein merkwürdiges Format – sehr schmal und hoch, man sieht es ganz selten. Hellwach war ich geworden mit einem Schlag, die trüben Stimmungen verflogen. Ich saß straff und gerade auf meinem Sitz, starrte, starrte hinaus, starrte auf das Buch. Dieses Format, die Farben des Umschlags – bis ich sicher war: Das ist ein Buch von mir. Und es war tatsächlich ein Buch von mir, das die Frau dort las, im Bahnhof auf einer Bank, nein: auf einer Insel der Ruhe, mitten in der polnischen Provinz. Frag mich nicht nach dem Ort! Und sie las weiter, war ganz in dem Buch – meinem Buch – verschwunden, war weg, in sich, sah nicht die Ankommenden und nicht die Wegfahrenden, sie nahm natürlich auch meine saugenden Augen hinter dem verschmierten Fensterglas der Eisenbahn nicht wahr. Saß da und las. Die Lokomotive ruckte, zog an, beschleunigte, der Zug verließ den Bahnhof. Ich drehte meinen Hals nach diesem Bild, krank vor Neugierde, hätte bleiben wollen, mich nähern dieser Frau, sie fragen, was sie hielt von meinem Buch, ob es ihr gefiel. Aber es war natürlich viel besser so. Jedenfalls: meine Vormittagsdepression ließ mich los. Mit einem Mal fuhr der Zug schneller, er hielt weniger unterwegs, und ich kam nahezu pünktlich an in Warschau, viel früher jedenfalls als erwartet. Ja, das ist meine Geschichte gewesen, sagte Jerzy, und ich glaube, daß wir Schriftsteller ...

Wann kam denn nun endlich Britz – und was um des Himmels willen soll ich da? Die Straßen, die mein Chauffeur mir zumutete seit einiger Zeit, hätten seine sofortige Entlassung durch mich gerechtfertigt. Hat er mich etwa, als ich Jerzys Geschichte zuhörte, in die polnische Provinz entführt? Der kann mich doch nicht ... Da! Ein Licht! Ein Licht am Straßenrand: das weiße U auf blauem Grund, leuchtend – wie Weihnachten. Ein U-Bahn-Anschluß mitten in dieser Einöde. Britz ade, es soll nicht sein. Nie werde ich dich kennenlernen dürfen. Ich sagte das sogar, glaube ich, halblaut vor mich hin, als ich die enge Wendeltreppe vom Oberdeck hinabtaumelte – an Gehen ist da nicht zu denken. Ein ganz kleines Staunen auf dem Gesicht meines Chauffeurs – hatte den Fahrgast da oben wohl vergessen. Ich bedankte mich knapp für seine treuen Dienste, und er sah den Fremden eilends in den U-Bahnschacht entschwinden, als treibe ihn die Gier nach weihnachtlichen Pfeffernüssen unwiderstehlich an den heimischen Herd.

Wie ein dem Leben lange Entwöhnter rannte ich aus dem hochgetürmten Blechgefängnis davon, ließ dort mein müßiges Spiegelbild zurück, das mir nichts mehr verraten konnte, und gab mich unter den Menschen des U-Bahnhofs auf. War wieder angekommen, war wieder daheim. Ließ meine Augen vor mir herlaufen, mit diesem direkten, diesem Saugeblick in Gesichter, und hätte jetzt meine perfekte Tarnung, den grauen Mantel, den Schal mit den gedeckten Farben, diese ganze bürgerliche Durchschnittserscheinung um keinen Preis der Welt missen mögen. Fuhr in die grelle dunkle Nacht hinein, den Stift entsichert am Hosenbund.

In der Innenstadt kam ich an einem Juwelier vorbei. Obwohl ich mich noch nie in meinem Leben für Schmuck interessiert habe – an diesem Abend blieb ich stehen und musterte die Auslagen. Im hellen Licht strahlten mich Gold und Perlen, Ringe und Halsbänder an – alles lag so herausfordernd drapiert auf kühlem Spiegelglas, nach außen gekehrt, für mich, zum Hineingreifen, daß ich fast sicher war, der Laden müsse geöffnet sein, auch zu dieser späten Heiligabend-Stunde. Zur Probe legte ich meine Hand auf die Klinke, ließ sie dort liegen, wartete, überlegte, den kühlen Griff in der Faust, und sah Jerzy – wirklich und wahrhaftig, er stand hinten im Vestibül, offenbar versteckte er sich, und winkte mir lachend mit einem riesigen, urtümlichen Dietrich herüber. Der Druck meiner Hand auf den Türgriff wurde stärker, ohne meinen Willen fast, versuchsweise immer noch, spielerisch – sollte ich die Probe wirklich wagen? Ehe ich mich entschließen konnte, gab etwas nach, entglitt mir – das Juweliergeschäft war tatsächlich offen. Eine junge Frau, vervielfältigt von den unendlichen Spiegeln um uns beide, trat auf mich zu und lächelte, ein Lächeln ganz allein für mich, öffnete den Mund mit lilafarben geschminkten, glänzend feuchten Lippen, matter Zahnschmelz dazwischen, ich sehe sie Atem holen, und sie sagt zu mir, nein: ruft mich an, mit einer derben Männerstimme, von weit her und ungeduldig:

»Sie wollten doch in Britz aussteigen, wa? Weiter jeht et nu nämlich nich mehr ...«

Ich riß die Augen auf, rappelte mich hoch vom Sitz, schüttelte die Beine aus und stieg, jede Stufe einzeln abtastend, aus dem Bus. Am besten steigen Sie auch gleich mit aus, meine Damen und Herren. Sie haben sich ein Stück weit von dieser Erzählung mitnehmen lassen, freundlicherweise auf eigene Gefahr. Jetzt sind wir angekommen. Endstation.

Kevin Coyne
Weihnachtsbesuch

An dem Abend, als Roy Orbison ins »Trocadero« kam, waren wir alle betrunken. Erst nachdem er dreimal »Pretty Woman« gesummt hatte, erkannten wir ihn endlich. »Bist du sicher, daß es nicht Walter aus Bamberg ist?« sagte ein Freund, während er in sein Pils sabberte, «er hat ein schwammiges Gesicht und trägt 'ne dunkle Brille. Er könnte es sein.«

Claudia, meine damalige Lebensgefährtin, schnaubte verächtlich. »Walter hat einen dicken Bierbauch und raucht Pfeife«, sagte sie, schlug mit der Handfläche auf den Tisch und schmiß dabei fast unsere Getränke um. »Wenn das der häßliche Typ wäre, hätte ich ihn sofort bemerkt. Er schuldet mir fünfzig Mark.«

Weihnachten in Nürnberg war zu jener Zeit immer ein Heidenspaß.

Dann gab es da noch Elvis Presley.

Heinrich saß an einem feuchtkalten Mittwoch-Nachmittag neben ihm im Roxy-Kino.

Der fette King, der Meister der Knutscher und Aufreißer, war unruhig. »Wo gibt's Tussis in dieser Stadt?« fragte er meinen alten Schulfreund, indem er ihn in der Pause mit seiner weißen Handschuhhand vorsichtig am Arm berührte. Heinrich erstarrte. Die Verwendung des Wortes »Tussis« beleidigte ihn. Es gab eine lange, bezeichnende Stille, bevor er antwortete. »Keine Ahnung, wo die Mädels sind«, sagte er schließlich stockend mit unterdrücktem Ärger. »Vielleicht machen sie gerade Weihnachtseinkäufe wie der Rest von Nürnberg.« Elvis guckte verdutzt. Er war ohne jeden Zweifel schrecklich verwirrt. Was und wer hatte ihn an einem jämmerlichen Dezembertag in diese Stadt in Süddeutschland verschlagen? Und warum saß er in einem halbleeren Kino und sprach mit einem Fremden?

Heinrich fiel überraschenderweise der Text von »Blue Suede Shoes« ein. Er sah hinab zu Presleys Füßen. Der Meister des lustvollen Grinsens und Grunzens hatte keine Schuhe an, schmutziggraue Zehen drückten sich schwer in den staubigen Kino-Teppichboden.

»Armes Schwein«, dachte er.

Das Licht ging aus, und der Hauptfilm begann. Elvis starrte angestrengt auf die Leinwand. Heinrich, auf einmal äußerst verwundert, konnte sich nicht konzentrieren. Presleys glänzend weißer Anzug strahlte gleichmäßig und beruhigend ein hypnotisch glühendes, gelbliches Licht aus.

Aber wieso keine Schuhe? Diese Frage sollte ihn noch lange quälen, nachdem er den Schock darüber überwunden hatte, daß er Zeuge gewesen war, wie sich der King in Nichts aufgelöst hatte (mitten im Hauptfilm, nebenbei bemerkt).

Nürnberg ist zu Weihnachten voller Geister: berühmter und nicht so berühmter, glücklicher und eindeutig unglücklicher. Ein Nachbar erzählte mir einmal, die Stadt sei wegen des außerordentlichen Christkindlesmarktes ein bevorzugter Ort für Heimsuchungen, und der Anblick gut gefüllter, hübsch beleuchteter Marktbuden bereite den Herzen kosmischer Reisender Freude.

Es könnte etwas Wahres daran sein. Ich war überrascht, als ich an Weihnachten vor zwei Jahren John Lennon in einer Straßenbahn Currywurst essen sah. »Jam, jam«, sagte er ununterbrochen zu der fetten, griesgrämigen Hausfrau, die neben ihm saß, wobei er sich die Lippen leckte und offensichtlich versuchte, sie zu ärgern.

Ich nehme an, er war betrunken. Er sorgte für eine Menge Aufregung, als der Schaffner ihm sagte, er solle den Wagen verlassen und zu Fuß weiterlaufen. Ich denke mal, er war erstaunt, daß er keine Vorzugsbehandlung bekam. Sollte man einem Beatle in Nürnberg alles erlauben, was er will? John Lennon war offensichtlich dieser Meinung. Er schrie unanständiges Zeug, als er zu guter Letzt aus der Straßenbahn ausstieg.

Welcher vernünftige, gesetzestreue Bürger dieser wundervollen Stadt läßt sich schon gern »schnapssaufender Kraut« oder »fettiges, impotentes Würstchen« nennen, auch wenn es der talentierte Schreiber eines Songs wie »Imagine« tut?

Es ist ganz und gar nichts Besonderes, zu Weihnachten in Nürnberger Supermärkten Berühmtheiten zu erspähen. Detlef, mein Darts-Kumpel aus dem Irish Pub, behauptete kürzlich, er habe Andrew Lloyd Webber und Goethe zusammen beim Einkaufen im »Plus« in der Steinstraße gesehen. Als ich fragte, was sie eingekauft hätten, murmelte er was von »haufenweise Gurken in Gläsern« und »klebrigen Reispudding mit Erdbeermarmelade«.

In meiner Vorstellung explodierte augenblicklich ein wundervoller Wachtraum. Ich stellte mir vor, daß sie sich über die Feiertage eine Ferienwohnung teilten, die Sehenswürdigkeiten und ein weihnachtliches Orgelkonzert in Sankt Sebald besuchten. Meine köstlichen Hirngespinste wurden unglücklicherweise abgewürgt, als Detlef erklärte, daß sich die beiden Männer gestritten hätten.

»Und worüber?« fragte ich schockiert.

»Über Beethoven«, antwortete Detlef. »Webber beschuldigte Goethe, daß er ihm in den Arsch kriechen würde.« – »Goethe, ein Arschkriecher!« schrie ich auf und brachte Detlefs Augenlider durch meine Lautstärke zum Flattern. »Warum sollte ein solches Genie es nötig haben, so etwas zu tun?«

Detlef blieb ruhig. Nach einigen Minuten ging eine Frau mit einer rostigen, klappernden Rüstung am Fenster vorbei. »Da geht Jeanne d'Arc«, sagte ich, ohne eine Antwort zu erwarten. Meine Freunde sagen, daß sie sich Sorgen um mich machen.

Weihnachten naht heran, und hier lebe ich zum ersten Mal seit Jahren ganz auf mich allein gestellt. Es ist traurig, aber ich bin an meinem Unglück meist selber schuld.

Claudia warnte mich, daß ich »wie eine Ratte in meinem eigenen Elend ertrinken würde«, als sie mich verließ. Ich muß ihr das Gegenteil beweisen. Ich habe schon einige Dekorationen aufgehängt. Karin, eine sehr begehrenswerte junge Frau aus dem Büro, rief mich letzte Nacht an und fragte, ob ich nicht auf »einen kleinen Festtrunk« bei ihr vorbeischauen wolle. Ich hatte schon Lust, aber ich erlag der Versuchung nicht. Einsamkeit wirkt manchmal anziehend.

Am vorletzten Wochenende machte ich einen langen, einsamen Spaziergang um die Stadt und legte am Bahnhof eine Pause ein, weil ich Kaffee und ein großes Stück Käsekuchen wollte.

Als ich gerade anfing zu mampfen, bemerkte ich, daß mich jemand, der genau wie Billie Holiday aussah, vom Nebentisch beobachtete. Mein Herz machte einen Hüpfer. War das tatsächlich die Göttin des Jazz oder nur eine billige Imitation, eine Einheimische, die sich aufgetakelt hatte, um toll und geheimnisvoll auszuschauen? Ich stand hastig auf, begierig, einen Blick aus der Nähe zu riskieren. Es muß wohl die falsche Bewegung gewesen sein. Billie (wenn sie's war!) erhob sich eilig, lächelte und winkte, dann verschwand sie in einer Wolke von orangefarbenem Rauch.

»Haben Sie das gesehen?« fragte ich eine vorbeikommende Bedienung, während ich auf meinem Stuhl zusammensank und meine Kaffeetasse umstieß. »Ja«, sagte sie und ihre Wangen färbten sich vom plötzlich aufsteigenden Ärger rot. »Blöde Kuh. Manche Leute tun alles, nur um ihre Rechnung nicht zu zahlen.«

Kann man Wahnsinn auf die Gene zurückführen? Claudia denkt das. Wir hatten so viele Auseinandersetzungen über dieses Thema, als wir zusammenlebten, am Ende war es nur noch lästig. Ich war es leid, den geistigen Gesundheitsrekord meiner Familie zu verteidigen, frustriert und wütend, daß ich mir anhören mußte, meine liebe Mutter sei »eine schizoide alte Schlampe«.

Wenn ich protestierte, wurde ich beschuldigt, »der Sohn einer gefährlichen Wahnsinnigen« zu sein.

Kein Wunder, daß wir uns trennen mußten.

Ich glaube, ich bin der gesündeste Mensch in meinem Büro. Mein Boß, der schnapsgetränkte, aber immer liebenswürdige Herr Liebniz, sagt, mein Schreibtisch und die anschließende Arbeitsfläche seien die ordentlichsten im ganzen Haus. Claudia denkt wahrscheinlich, daß dieser ausgeprägte Ordnungssinn Zeichen einer Geisteskrankheit ist.

»Warum bügelst du immer die Waschlappen?« würde sie fragen, wenn sie noch mit mir zusammenlebte.

»Warum schüttest du dreimal am Abend dieses streng riechende Bleichmittel in die Toilette?« Ich bin ohne den leisesten Zweifel, was ich bin.

Claudia mit ihrer unordentlichen Art (sie hat immer ihre Unterwäsche im Badezimmer herumliegen lassen) kann von mir aus zur Hölle fahren.

Es sind noch zehn Tage bis Weihnachten, und ich hoffe sehr darauf, weitere Berühmtheiten zu erspähen.

Wer wird es dieses Jahr sein?

Eine hohe, autoritäre Stimme in meinem linken Ohr hat mich gerade dazu aufgefordert, einen Bummel durch Gostenhof zu machen, wo ich »jemand ganz Besonderen« treffen würde.

Ich glaube, mir bleibt nichts übrig, als zu gehorchen. »Jemand ganz Besonderes«, das könnte die sensationelle und sinnliche Greta Garbo sein.

Ich habe die wunderlichsten, wundervollen Gefühle. Eine Romanze in Nürnberg liegt in der Luft. Ich muß mein schickstes Hemd für diese Gelegenheit anziehen.

Ralf Huwendiek
Schnapsneger

Oft erhob der Pförtner zum Gruß einen angebissenen Schokolebkuchen, den er gerade aß. Die Luft um die Firma roch nach Lebkuchen. »Lebkuchen« stand riesig auf den ausschwärmenden Lastautos. »Grüß Gott, Lebkuchen-Sowieso« meldeten sich die Telefonistinnen ...

Lebkuchen – Tausende rasten auf Fließbändern zum Schlund der Schokogußmaschine. Ich mußte die angeknacksten – den »Bruch« – aussortieren. Überall im Raum Türkinnen und Griechinnen, die dasselbe taten und dabei Lebkuchen aßen. In den Pausen aßen sie Lebkuchen und trugen abends Beutel voll heim. Die Stadt selbst hieß Lebkuchenstadt, und sogar der Oberbürgermeister, behaupteten einige, sähe so aus. Irgendwie.

Mittags wurde ich manchmal mit einer Liste zum Metzger ums Eck entsandt, um der Verwaltung wurstenen Trost zu holen über ein Leben mit Lebkuchen im Kopf. Ganze Litaneien von Lust auf rösche Bündle, Schwarten, Schwein und Gewürzgurken – vor allem Gewürzgurken – trug ich der Metzgerin vor. Die schien um den therapeutischen Wert ihrer Wurstware zu wissen, pries gelegentlich besonders herzhafte Stücke, und der Ton, in dem sie es tat, glich dem besorgten eines Hausarztes ...

Allerdings stellte die Firma nicht nur Lebkuchen her. Etwa gab es ein Produkt, das intern »Schnapsneger« hieß. Zielgruppe: Kaffeekränzchen älterer Damen.

Eines Tages kam der Meister zu mir und bedeutete mir zu folgen. In einem Raum voller Kuchenbleche wurde mir ein gasflaschenartiges Instrumentarium aufgeschnallt und eine langstielige Dusche zur Hand gegeben. Es sei siebzigprozentiger Schnaps, und ich sollte die umliegenden Kuchen nur recht saftig einsprühen. Die alten Damen sollten ja auch noch was vom Leben haben, und es sei kein teurer Schnaps. Aber es komme ja auf die Wirkung an.

Also sprühte ich, daß die Kuchen schwammen und im Raum ein aromatischer Nebel entstand. War eine Flasche leer, schnallte ich mir die nächste auf. Da niemand kam, um mich zu hindern, nebelte ich reichlich. Medizinisch zwar unwahrscheinlich, aber gegen Mittag war ich blau und pausierte. Wer, frage ich, erfindet derartige Schnapsneger? Wie? Ob es vielleicht eine uralte Tradition gebe, wo man Kuchen in Schnaps schmeißt, um sie mit Schokolade zu überziehen? Oder ein neueres Patent? Oder Teamwork?

Eine Betriebsfeier vielleicht. Alle Papphüte saßen schief. Die Festdekoration teils herabgerissen. Eine Combo dudelte querab. Einige waren schon gegangen. In den Lokalecken quietschten Frauen. Männer blökten.

Da muß einem der Höhergestellten ein Stück Lebkuchen in den Cognac-Schwenker gefallen sein. Lebkuchen stand ja überall auf der Party herum. Der Höhergestellte popelte mit dem Finger im Schwenker. Aber es flutschte immer wieder weg. Endlich hatte er ein durchtränktes Stück draußen und zullte es vom Finger. Es war – wie man so sagt – ... es war eine Offenbarung. Er warf gleich noch eins in den Schwenker. Er holte es raus und hielt's der Sekretärin hin. Es war das erste Mal, daß sie dem Chef den Finger lutschte.

Jetzt begannen auch andere, Lebkuchen in den Cognac zu werfen. Die Combo mußte auch probieren und intonierte dann den Banana-Boat-Song, was, weil es so braun klang, jemanden auf die Idee mit dem Schokoguß brachte. Jemand wurde mit dem Taxi zum Betrieb geschickt, um Schokoguß zu besorgen. Ein Topf voll wurde gekocht, und jeder warf durchtränkte Lebkuchen hinein. Alle fischten und kleckerten auf Krawatten und Brüste. Am Schluß erhob der Höhergestellte das schokoladeverschmierte Glas auf die neue Produktionslinie und schmiß dabei mit einer grandiosen Handbewegung den Schokotopf um. »Macht nix«, rief er und putzte die Hand am Ärmel der Sekretärin ab. So vielleicht enstand jener Schnapsneger.

Zurück am Band sah ich eine Weile den Lebkuchenesserinnen zu, die von Bissen zu Bissen kugelrunder wurden. Sie stopfen sich die Seelen, dachte ich. Der Mensch ernährt sich von Offenbarungen. Lebkuchen war eine Art Religion, paßte zur Gegend und war dauerhafter als Weltreiche ...

Nadu Schmidt
Weihnachdn

Derhambleim solli, homs xachd.
Inder lezdn Minudn.
Walz däi Schdreidereier
Iber di Feierdoch,
Däi alle vo mir kummer solln,
Nimmer verdrong.

Drei verheirode Boum hobi,
Und kane vo denern Weibsbilder mochmi.
Däi hedzn gecher mich, daß nimmer schee is,
Wous ich doch wergli goud man.

Ober waddner, wennz a ermol erlanz sin,
Wal di Manzbilder ja masdnz frähier schderm,
Dann winschis ihner a:

Ganz erllanz derhamhoggng,
Am Heiling Omd,
Ohne Grisbaum.
Walmerja gmand hod, daßmer kuld werd.

Ludwig Fels
Das war ein Winter

Hinterm Ofen war kein Platz
dort wärmte sich die Angst mit Galgenfristen.
Gottseidank war die Miete bezahlt
und man konnte mich nicht wie einen Hund
auf die Straße setzen.
Es wurde nie richtig hell
und die Augen bleichten im Schnee.
Die Straßenbahn beförderte Menschenmatsch.
Der Kalender war einfach nicht schmal zu kriegen.
Ich bekam Hämorrhoiden
Katarrh und Mandelentzündung
ein Zahn wurde mir plombiert.
Ich wollte kein Buch lesen
sondern eins schreiben.
Weihnachten war ein Freßfest
die Räusche wurden heiliggesungen.
Die Fenster verharschten
das Gehirn bat zu oft um Schlaf.
Nach der Gratifikation
träumte ich vom Lohnsteuerjahresausgleich.
Zu Silvester gingen keine Bomben hoch
trotzdem geschahen viele Unglücke.
Ich hatte kein Bedürfnis nach vereisten Hängen
nur einmal stand ich am Waldrand
und brachte keine Schlinge in den kältesteifen Strick.
Auf den Frühling wartete ich nicht
ich hatte von der kommenden Eiszeit erfahren.
Die Zeitungen tauten nicht auf.
Vor dem Hirn hatte ich zünftigerweise
gewachste Bretter.
Ich hoffe, der Sommer
wird ein bißchen anders.

Engel

Anton Schnack
Der Engel und das Kind

Öffne uns das Fenster, Kind! Wir sehen seit langem zu, wie du an der Scheibe stehst, die von deiner hingepreßten Stirne und von deiner plattgedrückten Nase einen trübenden Hauch zurückbehalten hat. Schnell, mache auf! Wir haben nicht lange Zeit, wir müssen weiter! Die Glocken, die wir in den Händen halten, sind ganz aus Silber. Du kannst es glauben. Höre, wie sie klingen, fein, ganz fein! Euere Glocke, die über dem Tor am Hausflur hängt, wird nicht so lieblich läuten, sondern schrill, alltäglich und blechern.

Öffne! Wir sehen, daß ihr im Ofen gebratene Äpfel habt, auch habt ihr Nüsse entkernt. Habe acht auf die Leckereien, der Nascher sind viele. Und wir haben Engel unter uns, die sind nicht fromm und züchtig, sondern sind derbe und vernaschte Bauernbengel. Sie haben wohlgenährte Kugelköpfe und fleischige Hälse. Sie haben sahnige Milch getrunken und große Scheiben hellen Brotes gegessen, versüßt durch eine Fingerspitze Anisgewürz. Sie stammen aus einem ländlichen und fruchtbaren Himmelsstrich, wo die Bäche Honigwasser führen, die Gänseherden aus Marzipan sind und die Sträucher Rosinen tragen. Hab' also acht auf die Leckereien, wenn die Bauernengel kommen!

Sei aber nicht verzagt, Kind, wenn deine Ohren überirdische und gespinstfeine Musik hören! Es sind die Musikantenengel, und sie musizieren mit Geigen, Lauten, Theorben und mit der summenden, weichen Viola d'Amore. Sie haben schon vor Königen gespielt, und die stolzen Könige haben huldvoll und vergnügt in die Hände geklatscht. Sie haben auch in alten Ställen musiziert vor Eseln und Dromedaren, und die Hirten haben in ihre Bärte gesungen und die Tiere haben anmutig zur Musik mit den Köpfen genickt.

Öffne mir das Fenster, Kind! Wir Engel sind müde und kommen von weither. Wir sind schon durch tausend und noch mehr Jahre geflogen. Wir wollen uns auf die Lampe setzen, oder auf einen Zweig der Weihnachtstanne, und wollen euch erzählen. Wir können euch erzählen, was der Wind gesagt hat, als Kolumbus nach Amerika fuhr. Wir wissen Geschichten von den Malern, die uns auf die Wangen Apfelrot und das glitzernde Silber auf die Flügel gemalt haben. Wir können euch die Lieder wiederholen, die von den sonnenverbrannten Hirten in den Wüsten gesungen wurden. Wir verstehen die Sprache der Vögel. Wir verstehen die Stummheit der Fische.

Zögere nicht, Kind, und mach' auf – wir erzählen dir von der Zeit, als wir Kinder waren. Ich bin der Engel mit dem zarten und milden Antlitz und wohnte in einem Bauernhaus in Umbrien. Ich liebe nicht das Regenwetter, aber Gärten voll Rosen, den strengen Schatten der Zypressen und die gelben Früchte der Feigenbäume. Ich friere, Kind, und euer Zimmer ist vielleicht warm und gut. Drum öffne das Fenster und lasse mich ein, und ich werde dir, während du schläfst und träumst, einen Zweig mit goldenen Nüssen in den Arm legen!

Öffne auch dem Engel mit dem Notenblatt in der Hand, sein Gesicht ist pausbäckig und seine Haare sind blond. Er liebt die Berge voll Schnee, die Kieselsteine am Donauufer und eine Schüssel voll dampfender Knödel. Er ist ein bayrischer Engel und jodelt gut, und singt wie eine Lerche. Er hat auf der Staffelei des frommen Malers gesessen und die Farben gerieben, und jede Fingerspitze von ihm war anders gefärbt. Die eine war nachtblau, die andere feuerrot, die dritte zitronengelb und die vierte olivgrün. Er wird dir einen Zauberkasten mit siebenfarbigen Gläsern auf den Tisch stellen. Darin funkeln Gläser, durch welche die großen Zauberer Merlin und Bellachini schon gesehen haben, und womit man in der finsteren Erde die Kobolde betrachten kann.

Aber spute dich, uns das Fenster zu öffnen; sonst laufen die Gläser in der Kälte und im Schneetreiben an und ihr großer Zauber ist vertan und verloren!

Fitzgerald Kusz
Die Weihnachtsgschicht aff Fränkisch

Des, wossi etz derzähl, hout si zu der Zeit zoutroong, wäi der Kaiser Augustus des Gsetz rausbracht hout, dassi alle Lait zähln loun main. Des wohr selbichs Mall die allererschte Volkszählung, wous gehm hout. Und des wohr genau zu der Zeit, wou der Cyrenius Landpflecher in Syrien wohr.

Ä jeder hout si ziehln und in die Stadt gäih main, aus derer herkummer is. Dou hout si aa der Joseph aus Nazareth – des wohr ä Stadt in dem Land Galiläa – aff die Sockn gmacht und is nach Bethlehem ganger, dem Könich David seiner Stadt, weiler von dem sein Stammbaum oogstammt is.

Sei Frau, mit derer verheiratet wohr – däi hout Maria ghaaßn –, is aa derbei gween, obwuhls in andre Umständ wohr.

Und wäis dann in Bethlehem druntn wohrn, senns vo Haus zu Haus ganger und hamm an ä jede Tür hiipumpert, weils irchendwou ä Plätzler finner wollt, wous ihr Kind aff Welt bringer hamm könner. »Bei meiner Frau«, hout der Joseph gsacht, »dauerts nimmer lang. Habter denn ka Herz?« Obber die Lait hamm innern blouß immer widder die Tür vuur der Nosn zoughaut und hamm gsacht: »Suer derhergloffms Gsindl! Dou könnert ja jeder kummer. Gäiht dorthii, wouer herkummer seid! Dou könnter dann vo uns aus suviel Kinder aff die Welt bringer, wäier wollt, obber ned bei uns. Mir braung kanne Fremdn ned. Mir ham selber nix zum Beißn.«

Und dann wohrs aff amall suweit: Bam Joseph seiner Maria hamm die Weher eigsetzt und nou houts enn Boum gräicht. Des wohr ihr erschts Kind. Und nou houts nern inner Windl gwicklt und innerer Krippm neigleecht. Wos anders isserer aa gohr nedd übriblaim, weils innerm Stall mittn unter die Viecher übernachtn hamm main. Des wohr der aanziche Unterschlupf weit und braat, wous in derer kaltn Nacht gfunner hamm.

Und däi Hirtn, dennern wou der Stall ghäiert hout, hamm gohr ned weit dervoo im Freier übernacht, wous ihre Betzn ghäit hamm.

Aff amall wohr der ganze Himml su hell wäi am Tooch. Die Hirtn hamm mit ihre Aung blinzelt, weils vuur lauter Helln nix mehr gsäing hamm.

Und ä Engel is plötzli vuur innern standn mit schnäiweiße Flüchl. Erscht senns derschrockn und dann hamm sersi gforchtn. Dou hout der Engel zu innern miterer Stimm gsacht, däi wous ihr Lebtooch nanni ghäiert hamm: »Tät eich ned ferchtn! Freit eich läiber. Iich bring alle Lait hait ä goute Nouchricht: Grood is eich nämli der Heiland geborn, dort dremm, im David seiner Stadt, däi wou Bethlehem haßt. Und sei Noomer is Jesus Christus. Und dasser mers aa glaubm tät, soochi eich nu, wouern find: Er licht in eierm Stall in der Krippm und hout blouß ä Windl oo. Sunst nix. Bhäit eich Gott!« Und scho isser widder zum Himmel naufgluung, wou mer aff amall ä ganzer Haffn Engel rumfläing hout säing. Und ein Summer und Brummer wohr in der Luft, daß die Hirtn Häiern und Säing verganger is. Und nou hamm die Engel aff amall zum Singer oogfanger: Suer schäins Läid hamm däi Hirtn nanni ghäiert: »Ehre sei Gott in der Höhe und Friede auf Erden und den Menschen ein Wohlgefallen.« Und dou derbei senn die Engel immer häicher inn Himmel naufgfluung, bis aff amall dort droom widder verschwundn wohrn. Und scho wohrs widder stuuckfinstre Nacht. Die Hirtn hamm gmaant, sie hamm des allers trammt, obber nacherer Weil hamms dann doch gsacht: »Hobb, gemmer aff Bethlehem nüber und schau mer ämall, obs aa werkli passiert is, wos der Engel uns grood gsacht hout.«

Und dann hamm sersi ganz arch gschickt, daß aa schnell nüberkummer senn. Und wäis dortwohrn, hamms erscht ämall vuur lauter Schnaufm kann aanzichn Ton mehr rausbracht, obber allers, wos gsäing hamm, wohr genausu, wäis innern der Engel gsacht hout: Des Kind wohr in der Krippm gleeng und hout blouß ä Windl ooghatt und sunst nix. Und sei Vatter und sei Mutter wohrn dernehm gstandn. Dou hamms der Maria derziehlt, wos innern der Engel allers gsacht hout.

Und die Maria hout aff allers, wos gsacht hamm, aufpaßt wäier Heftlersmacher, daß aa nix vergessn tout und hout sie allers zu Herzn gnummer.

Und die Hirtn senn dann widder zrück zu ihre Betzn und hamm zu Gott bett vuur lauter Freid. Sie hamms nämli immer nanni glaubm könner, daß der Engel däi ganze Wohr ausgrechnt innern derziehlt hout, obwuhls blouß ganz arme Schlucker wohrn.

Wilhelm Staudacher
's liegt wos in dr Luft

's liegt wos in dr Luft,
wos Nei's.
Aus alli Fenster kummts
mit're süeßlie Fohne,
und's steigt nauf über d' Dächer
und's lejcht si noo
mit'n Nebl
auf d' Pflasterstaa
scho in dr Früeh.

's liegt wos in dr Luft,
wos Würzi's.
Wie aus türkischi Länder,
sou riecht's, wie nach Turban
und noochtdunkli Aache.
Und's hengt in die Gasse
und's ziecht übersch Land
auf en fliechede Teppich.

's liegt wos in dr Luft,
wie alli Joehr widder,
Und's raache die Schläet,

mit en zuckrie Nebl vermischt,
und des aalt si,
wenn's windstill is drunnernei,
woulgfälli vor alli Haiser,
und des verdaalt si,
wenn e klaans Lüftle gäeht,
überol hii.

Ernst Heimeran
Kleine Station

In einer Talsenke des Frankenwaldes liegt eine kleine, rote Station. Der Ort, dessen Namen sie trägt, ist eine gute halbe Stunde hinter die Waldeshöhen entrückt, die in milden Wallungen die kühlen Gründe des Geleises begleiten.

Reisende, die die kleine Station passieren, drehen verwundert den Kopf nach dem einsamen Bahnhäuschen. Es ist in der amtsüblichen Ziegelbauweise errichtet und mit einheimischem Schiefer gedeckt. Unten führen zwei Türen hinein, oben hängen zwei Betten heraus. Ein über den Bahnsteig vorspringendes Wellblechdach trennt die beiden Welten.

Wer sich erkundigt, kann erfahren, daß ein großer Sohn dieser Wälder in den achtziger Jahren, als man noch mit Eisenbahnlinien umging wie Kinder auf dem Weihnachtstisch, seinem Heimatort die kleine Station sozusagen zum Geschenk gemacht hat. Seitdem ist sie an der Strecke stehen geblieben wie ein vergessenes Spielzeug, die Zeit eilt an ihr vorüber, verwölkt wie der Rauch der Lokomotiven, und die Einsamkeit schlägt über ihr zusammen.

Gelegentlich folgt auch ein Fremder der Verlockung ins Weltverlorene und vertraut sich dem Postfuhrwerk an, das am Hohlweg hinter dem Bahnhof wartet. Es gibt dann noch den Fußweg zum Ort, auf den ein gußeisernes Schild an der Wartesaalecke verweist. Der streicht am

Bahngärtchen entlang und verliert sich bei einem Stapel ausrangierter Schienenwellen in dem Wald.

Im Sommer ist das grüne Kastenläutwerk am Stationsbüro den ganzen Tag geschäftig, Züge anzumelden und abzurufen, und der Vorsteher, der den Dienst in einer Person versieht, kommt bis zum Abend nicht aus der roten Mütze. Der Automat an der Bahnsteigsperre spiegelt die Gesichter von Ausflüglern und Beerensuchern, ganze Schulklassen tränkt der eiserne Pumpbrunnen. Lichthungrig stakeln die Sonnenblumen am Bahngarten, in den die schnaufenden Lokomotiven ihren Rauch pusten. Die Luft ist schwer von Kamillen, die im Schotter des Bahndamms blühen.

Jetzt aber ist der Winter eingefallen, hat den Verkehr abgezogen und die kleine Station an der Strecke liegen lassen. Der Schnee steigt über die Schienen; Krähen hocken auf den erstarrten Signalarmen. Am strohumflochtenen Brunnen wechselt das Wild. Beißende Nebel durchwallen das Tal. Die Nächte sind scharf und klar, die Monde wie aus Eis geschnitten. Und die Kälte nimmt immer noch zu.

Es wird noch ein Morgen- und ein Mittagszug abgefertigt. Dazwischen ist tote Zeit. Der Telegraph schweigt. Der Schalter ist geschlossen. Am Bahnsteigtürchen noddelt der Wind.

Der Stationsmeister geht in seinem Büro auf und ab, hin und her zwischen Fahrkartenschrank und Streckenpult, Schreibtisch und Ofen, mit auswendig gelernten, zuverlässigen Schritten. Kein Fußbreit Station, den er sich nicht in langen Dienstjahren zu eigen gemacht, und so ist sie in ihn eingegangen, wie er in sie. Am Aufschlag des Mantels, den er, sich zu erwärmen, anbehält, baumelt die außer Mode gekommene Signalpfeife gleich einem Veteranenorden. Wie Gleise furchen die Falten des Alters seine Stirn.

Gelegentlich tritt er auf den Bahnsteig hinaus, steht wie ein Wirt, der nach Gästen Ausschau hält, vor seiner Glastüre, blickt die Strecke hinauf und hinunter, hört im

Nebel den Streckenarbeiter an den Geleisen schaufeln, den hohen harten Eisenton, der die Schienen entlangläuft, hört den Wald knirschen und brechen, prüft die Hebel des Stellwerkes, vergleicht Taschenuhr und Bahnhofsuhr, die beide unverhältnismäßig groß ausgefallen sind für eine so kleine Station, wischt an der kreidigen Verspätungstafel und kehrt durchkältet, mit steifgefrorenem Schnurrbart in den Dienstraum zurück. Der Frost kriecht ihm nach und lagert sich knurrend auf dem Fußboden. Und die Kälte nimmt immer noch zu.

Am Tage des Weihnachtsabends passiert bereits der Morgenzug die Station mit starker Verspätung. Er führt die kurze hochrädrige Garnitur, die man wieder hat hervorholen müssen, wie aus einem alten Bilderbuch. Die Scheiben der Abteilkämmerchen sind zerbrochen und mit Brettern ausgeflickt. Auf den Dächern ist der Schnee festgebacken, den es nachts in der Stadt draufgeschneit hat.

Die Frau des Stationsmeisters vom oberen Stock schaut zu, wie sich der städtische Schnee durch das Land spazierenfahren läßt. Sie hat sich ein Loch in die Eisschicht des Winterfensters gekratzt und hält es mit dem Hauch ihres Mundes offen, bis sich der keuchende Zug auf den Wink ihres Mannes wieder in Bewegung gesetzt hat. Es ist nichts gekommen als die Post.

Die Stationsmeisterin schließt den inneren Fensterflügel, schiebt den Schnittlauchtopf vor und geht wieder an ihre Hausarbeit. Heute wird es spät werden, bis der Gegenkurs abgefertigt ist und ihr Mann zum Essen heraufkommt. Fahrplanmäßig ist der Mittagszug gegen zwei Uhr mit der Station verabredet. Aber an Wintertagen hat sich das Mittagessen oft schon bis zum Abend verschoben. Deshalb kann sich die Stationsmeisterin nicht nach der Uhr richten. Ihr Mann ist ihre Uhr, sein Schritt auf der Treppe ihr Stundenschlag. Seit fünfundzwanzig Jahren hält sie seine Zeit inne.

Solange der Sohn zu Hause war, kam es vor, daß der Vater auch unter der Dienstzeit einmal in die Wohnung heraufschaute. Seitdem der Einzige auswanderte, ist das nicht mehr vorgekommen. Er ist gerade noch zur rechten Zeit hinübergegangen, mit der letzten Verbindung. Mehr wissen sie nicht davon. Sie geben sich Mühe zu denken: drüben hat er es gut.

Die Stationsmeisterin legt im Herd nach. Sie will einen Kuchen backen. Ein Weihnachtsstollen kann es in diesem Jahr nicht sein, doch reicht es zu einem Hefenkranz. Der Teig braucht Wärme, und es wird heute gar nicht recht warm in der Küche, obwohl schon ein ganzer Huckelkorb Tannenzapfen verheizt ist. Das Guckloch am Fenster ist längst wieder zugefroren, und die Kälte nimmt immer noch zu.

Die Frau ist dabei, den Rindenstaub zusammenzukehren, den sie beim Nachschüren verbröselt hat, als sie jemanden die Wohnungsstiege heraufkommen hört.

Sie ist keinen Augenblick darüber im Zweifel, daß es der Schritt ihres Mannes ist, gleichmäßig und sohlenschwer. Aber es ist so lange her, daß sie ihn während der Dienstzeit im Treppenhaus hörte, daß sie sich erschrocken abwehrend auf ihren Besenstiel stützt.

Die Türklinke verbeugt sich. Der Mann tritt ein. »Ein Brief«, verkündigt er, noch auf der Schwelle, wie einer, der beruhigend sagen will: Ich bin's nur.

»Für uns?« fragt unsicher die Frau.

Es geschieht selten, daß Post kommt für den oberen Stock, besonders im Winter, wohnliche Post.

Der Stationsmeister legt den Brief auf den wachstuchüberzogenen Tisch, an dem sie leben, an dem auf der einen Seite die Küchenhocker stehen, auf der andern das Sofa sich andrängt. Gegen das Würfelmuster des Wachstuches macht sich der Briefumschlag sehr schlank und weiß.

Ohne die Hände vom Besenstiel zu lösen, beugt die Frau ihr Gesicht über die Adresse, dreht den Kopf nach dem quer in der Ecke geschriebenen Absender, erkennt den Namen des Sohnes und läßt den Besen umfallen.

Sie sagt: »Ich muß mich setzen«.

Sie sitzt auf dem Hockerrand, schaut den Umschlag an mit den fremden Marken und den fremden Ausdrükken, muß sich schneuzen und hat kein Taschentuch.

»Da mußte ich doch heraufkommen«, erklärte der Mann, als sollte er sich entschuldigen, und hilft mit seinem Taschentuch aus, wie das unter ihnen seit der Brautzeit der Brauch ist, »da mußte ich doch wenigstens gleich heraufkommen. Aber jetzt, was meinst du, soll uns den Brief nicht erst das Christkind bescheren? Er lebt, er schreibt, aber lesen wollen wir's erst heut abend, oder?«

Wartenkönnen ist sein Beruf und seine Art. Die Frau versteht sie und hat sie immer treulich geteilt. Es ist schön, gleichen Sinnes alt zu werden.

»Ich möchte ja auch noch warten«, nickt sie, »so in der Schürze und mitten in der Arbeit. Aber,« und hastig, als müsse sie ihren eigenen Einwände zuvorkommen, greift sie nach dem Brief, »ich muß, ich muß unbedingt wenigstens ein bißchen hineinspitzen!«

Sie schlitzt mit dem Finger den Umschlag auf. Eine Photographie entschlüpft der Hülle. Der Breite nach wird die Aufnahme von einem langgestreckten Auto eingenommen, der Höhe nach von einem jungen Mann, der seine Hand auf dem Kühler ruhen läßt, als tätschle er ihn wie den Kopf eines Hundes.

Was die Aufnahme auch sagen will, die Mutter sieht nur, wie groß ihr Sohn dasteht, wie erwachsen. Und sie staunt.

Eigentlich ist die Erwachsenheit ja das Natürliche, zu Erwartende. Aber in der jahrelangen Trennung hatte sich der Sohn in ihrer Vorstellung immer mehr ins kindlich Vertraute zurückverwandelt, bis er wieder der Kleine geworden war, der ganz auf ihre Sorgen Angewiesene. Denn was ist es, was uns mit den Entfernten verbindet? Das tief Vergangene, das uns lebendig ergreift. Und wer will sagen, ob wir nicht enger mit ihnen leben, die uns das Leben entrissen zu haben scheint, als mit denen, die uns das Leben Tag um Tag verflüchtigt?

Wie eingekuschelt ruht das Bildchen in der Höhle der Mutterhand.

»Ein Mann, gottlob ein Mann«, freut sich auch der Vater. »Und jetzt schreibt er lateinisch.«

Damit nimmt er Bild und Brief wieder an sich und schließt sie zwischen das Doppelfenster.

Das ist die alte Stelle, an der das Christkind dem Kleinen auf seine Wunschzettel Antworten gab, Täfelchen in Glanzpapier oder mit buntem Zucker bestreute Schokoladenpfennige.

Wenn einer draußen stünde und könnte den Brief liegen sehen im rechten oberen Fenster der kleinen Station, so würde er ihn gerade über dem Buchstaben H des Stationsnamens finden, der mit schwarzen Großbuchstaben auf das weißgrundierte Mauerfeld gesetzt ist. Und wenn es auch keiner sehen könnte, nicht den Brief und nicht das H, – wie mancher Bezug wirkt in der Stille.

Der Bahnmeister ist wieder hinuntergegangen, über die wohnlich knarrende Stiege in den unwirtlich steinernen Flur, und hat die Türe »Kein Eintritt« hinter sich zugezogen. Die Frau hat ihre Hausarbeit wieder aufgenommen, einen Teig geknetet und die Schüssel gegen Luftzug gedeckt. Während der Teig unter dem Tuch heranreift, verharrt die Frau des öfteren vor dem Fenster, wie vor einer Auslage, drückt ihre Stirn an das Kreuz und schaut den Brief an, der im Fenstermoos ruht. Sie weiß, was er bringt und weiß es doch nicht genau, sie rät daran herum und will es doch vor der Bescherung gar nicht herausbringen. Sie holt das Bäumchen vom Vorplatz herein, obwohl es noch viel zu früh dafür ist, und steckt das letzte Kerzenstümpfchen auf. Hinter dem Hause ist der Postschlitten vorgefahren. Die Schellen klingeln so nahe, als kämen sie über das Dach geläutet. Es muß noch kälter geworden sein. Die Eisblumen erschillern zauberhaft im Einfall der Dämmerung. Wie lange nur der Zug bleibt.

Unten im Warteraum harren drei Männer, die der Schlitten mitgebracht hat, des Zuges. Der Herr auf der

Fensterbank bemüht sich, noch etwas Licht auf die Zeitung fallen zu lassen, in der er mit gestopften Handschuhen liest. In der Deckenbeleuchtung fehlt die Birne, man wird bald nichts mehr sehen können. Die Plakate an den Wänden sind schon ausgelöscht, der Badestrand, die Bergbahn, das Festspiel, der Ozeandampfer unter Glas und Rahmen. Nur eine weiße Margerite leuchtet noch über den längst außer Kraft gesetzten Fahrplänen.

Der Waldarbeiter, der in der Spucknapfecke Platz genommen hat, stiert den schwarzgelaufenen Fußboden an. In einen dünnen Lodenumhang gehüllt, Hände und Kinn auf die Baumaxt gestützt, friert er regungslos vor sich hin. Es ist so kalt, daß sich der Atem der Reisenden wie Reif niederschlägt in der eisigen Luft. Und die Kälte nimmt immer noch zu.

»Neunzig Minuten Verspätung,« beschwert sich geräuschvoll der Herr im Pelzmantel, der soeben auf der Anschlagtafel vor der Türe nachgesehen und damit neue Kälte in den Wartesaal hereingebracht hat. »Was heißt da Minuten, das sind geschlagene anderthalb Stunden, und das heute und hier in dieser gottverlassenen Einöde.« Er schlenkert aufgebracht die Armbanduhr aus dem Ärmel, dreht am Rädchen und läßt sie wieder im Stulpen verschwinden. »Und nicht einmal geheizt. Der Beamte sitzt natürlich warm, aber am Publikum kann gespart werden.«

Er tritt an den kalten Ofen, als gedächte er mit ihm abzurechnen, öffnet die Klappe, wirft sie wieder zu und versetzt dem leeren Kohlenkübel eins mit dem Stiefelabsatz. An sich ist es ein Ofen für Reisende bester Klasse, Gußeisen, reich ornamentiert, in mehrere Stockwerke eingeteilt, mit Loggien und Balkonen versehen und mit einem Palmettengesimse geschmückt, ein Ausstattungsstück, abgestimmt auf den blindgewordenen Goldspiegel und den ovalen Tisch mit den gepolsterten Stühlen, von denen freilich nur noch einer zugegen ist. Dadurch nimmt sich auch der Tisch aus wie stehengelassen, zumal ihn der Herr im Pelz mit schweren Koffern behäuft hat, unter denen sich die Platte bedenklich schief neigt. Ach, es ist alles so trostlos und kalt, und die Kälte nimmt immer noch zu.

»Und Sie, meine Herrn«, fängt der Pelzmantel an, »Sie sagen gar nichts dazu? Ich spreche schließlich im Namen der Allgemeinheit?«

»Wir beschweren uns ja gar nicht«, entgegnet der Leser.

»Das ist es ja eben«, beharrt der Pelzmantel. »Sie sollten sich mehr beschweren. Wer sich alles gefallen läßt, auf dem wird herumgetrampelt.«

»Zugegeben«, räumt der Herr mit der Zeitung ein. »Wir könnten alle warm sitzen, wenn wir uns rechtzeitig beschwert hätten. Aber Sie wissen so gut wie wir alle, daß es keinen Sinn hat, sich hintennach über Zustände zu beschweren, an denen man selber am meisten schuld ist.«

»Wie bitte? Wie? Ich nicht!« protestiert der Pelzmantel. »Sehen Sie mich an: Ich bin Geschäftsmann, ich war Geschäftsmann und ich werde Geschäftsmann bleiben. Das ist meine Aufgabe, und wenn jeder seine Aufgabe täte, wäre alles in Ordnung. Vorausgesetzt natürlich, daß man einem nicht fortgesetzt Prügel in den Weg wirft. Hätte ich vielleicht in Politik machen sollen? Davon verstehe ich nichts. Ich verlange, daß der Staat, dem ich die Fachleute dazu bezahle, funktioniert wie ein Haushalt, um den sich doch auch nicht alle Haushaltmitglieder zu kümmern haben. Das wäre mir ein sauberer Haushalt.«

»Aber würden Sie denn nicht zugreifen, wenn es in Ihrem Haus brennt?« fragt der Leser.

»Ja, wenn es brennt!«

»Im Staat brennt es eigentlich immer, haben Sie das noch nie bemerkt?«

»Mir wäre es lieber, hier brennt's«, erwidert unwirsch der Pelzmantel. »Idiotisch, nichts wie Wald um und um, und nicht einmal Holz zum Heizen. Weiß schon, weiß schon, Holz genug, aber keine Arbeitskräfte. Arbeitskräfte genug, aber nichts zu essen. Essen genug, aber Essen nur gegen Geschäft, Geschäft nur gegen Politik, und darüber können wir langsam erfrieren. – Nun sind es schon hundert Minuten.«

Er wendet sich gegen die Bahnsteigtüre, ob sich noch immer nichts rühren will.

An der Glastüre ist von außen her das plastische Wort »Wartesaal« angebracht. Von innen gesehen, gegen das gespenstische Eislicht der Winterdämmerung, liest es sich verkehrt und unverständlich.

»Wenn man die Welt nur von sich aus ansieht, erscheint alles verkehrt«, bemerkt dunkel der Leser, nur ein Schatten noch seiner selbst gegen den Fensterausschnitt.

Des Waldarbeiters in der Ecke hat sich die Finsternis schon bemächtigt.

»In dieser Station wird nicht abgerufen«, sagt er langsam aus dem Dunkeln, als buchstabiere er einen schwierigen Text. »Nicht abgerufen, so ist es. Wir sind vergessen. Vergessen und ausradiert.«

Der Pelzmantel raschelt in seiner Handtasche mit Papier. Dann hört man ihn in ein Brötchen beißen. Man hört deutlich, wie knusprig es ist, wie weich belegt. Es klingt böse in die Ohren, wie es da im Hungrigen und Kalten beißt und verzehrt. Und die Kälte nimmt immer noch zu und nähert sich dem Grade, in dem sie der Glut gleicht, der alleszerstörenden.

»Guten Abend«, bietet eine Kinderstimme.

Die Reisenden fahren zusammen. Auf dem Bahnsteig sind die Lampen angegangen. Sie werfen einen Kapuzenschatten sternförmig in den Raum.

»Guten Abend, so kann man sagen bei dieser Hundsfinsternis«, kaut der Pelzmantel. »Wo kommst denn du noch her? Willst du auch mitfahren? Dann war es aber Zeit, der Zug müßte längst durch sein, hohe Zeit!«

»Hohe Zeit«, bestätigt das Kind und legt seine kalten Hände an den kalten Ofen.

»Daß du dich nicht brennst«, schnauft der Pelzmantel.

»Warum nicht?« fragt das Kind zutraulich. »Sie könnten Ihr Butterbrotpapier dazu geben, das wäre schon etwas. Darf ich auch Ihre Zeitung haben, mein Herr?«

»Gern«, sagt der Herr erstaunt. »Aber du wirst nicht weit damit kommen, fürchte ich.«

»Ach wer weiß. Hat jemand Feuer?«

Der Waldarbeiter kramt ein Feuerzeug aus der Hosentasche und schlägt es mit dem Handballen an. Das Kind schiebt die Papiere ins Ofenloch; gierig schleckt sie die Flamme. Es glühen die Katzenaugen.

»Brennt«, stellt der Pelzmantel fest. »Na, lang wird der Zauber nicht dauern. Aber komisch, man fühlt es gleich ordentlich warm werden. Wie wär's, meine Herrn, wenn wir von innen ein wenig nachhelfen? Ein Rundtrunk aus dieser Flasche?«

Er ist richtig aufgeknöpft. Auch Zigaretten bietet er an.

»Echte?« staunt der Waldarbeiter. »Ich bin so frei. Die reinste Weihnachtsbescherung.«

»Richtig, richtig«, bemerkt der Spender. »Komm mal her, Kleiner. Glänzende Idee das mit dem Ofen. Gar nicht zu glauben, der brennt ja drauflos wie geladen. Und ich hätte geschworen, er sei leer. Der Apfel ist für dich. Wenn das so weiter geht, kannst du ihn braten. Da nimm!«

»Der Zug!« ruft das Kind und eilt auf den Bahnsteig hinaus. Das Läutwerk schlägt an, der Stationsvorsteher ist aus seiner Tür getreten und öffnet die Sperre. Die Reisenden nehmen hastig ihr Gepäck zusammen, setzen es draußen noch einmal ab und suchen nach ihren Fahrkarten. Es ist auf einmal alles so schnell gegangen. Schon hörte man den Zug durch das zugenachtete Tal herankeuchen. Jetzt hat er seine Augen auf die Station geworfen. Regungslos, immer offener und näher sieht er sie an, bis er mit einem plötzlichen, großen Wisch herangleitet und stehenbleibt.

Jemand hat die Station ausgerufen. Die Reisenden öffnen das nächstbeste Abteil und drängen hinein. Warm atmet es ihnen entgegen. Wenn es auch nicht geheizt ist, es ist doch menschlich erwärmt, so läßt es sich bis zur Stadt schon aushalten, wie meine Herrschaften? Besonders wenn sie die Güte haben, ein wenig zusammenzurücken im Finstern. Es will jeder mit zur heiligen Nacht.

Der Pelzmantel sitzt zwischen Leser und Arbeiter gepreßt.

»Fast schade, jetzt, wo es so behaglich geworden wäre«, sagt er gutgelaunt. »Die Kälte, scheint es, hat sich gestoßen. Wo ist denn eigentlich der Kleine mit seinem Schulranzen hingekommen?«

»Schulranzen?« sagt der Leser.

»Oder Rucksack, was weiß ich, unter der Pelerine. Irgend etwas hat er an sich gehabt.«

»Ja, irgend etwas«, sinniert der Leser. »Tritt mit seinen Gaben ein in jedes Haus – meinen Sie nicht?«

»Sie wollen doch nicht im Ernst behaupten?« sagt der Pelzmantel erschrocken.

Der Zug verläßt die kleine Station. Als könne er sich nur schwer von ihr trennen, winkt er ihr lange noch mit der roten Laterne. Das Stationsbüro hat dunkel gemacht. Im oberen Stockwerk, herausgeschnitten aus der großen, schweren Einsamkeit, eines Fensters Freudenschein, und am Himmel hoch die Sterne.

Erich Arneth
Frankens Bethlehem

Mancher nimmt es dem Herrgott übel, daß er von der Geburt seines Sohnes nicht mehr Aufhebens gemacht hat, wo ihm doch an Pfingsten ein tolles Gewitter nicht zuviel und für die Simultanübersetzung der ersten Predigt seines Stellvertreters der Beistand des Heiligen Geistes nicht zu wenig war. Wer so denkt, denkt falsch; gerade die Armseligkeit der Gottesgeburt war ein Paukenschlag. Und was die Anmeldung betrifft, die war gegeben. »Ein Stern wird aufgehen« heißt es beim Propheten. Kein Sterblicher bekommt bei seiner Geburt eine Supernova an den Himmel gesetzt – nur ein Gott. Das erkannt zu haben, war das Verdienst der Heiligen Drei Könige, und so zogen sie denn los, aus jedem Erdteil einer. König Kaspar kam von uns.

In Trier brach er auf, machte in Bamberg Station und hatte nichts dagegen, daß sich ihm in Bug eine Nachtigall anschloß, die auch dem Christkind begegnen wollte. Das Vögelchen kam mit dem Zug glatt und ohne Gefahr zur Krippe. Wie aber König Kaspar Gold und Geschmeide auspackte, schämte es sich; nichts hatte es, einfach gar nichts. Da fiel ihm ein, daß es dem Herrgott geben könne, was es einst von ihm bekommen: das herrliche Gold in der Kehle. Aber welche von den 24 Melodien sollte es schenken? Eine ganz neue werde ich suchen, dachte es, und begann eine Weise zu flöten, die neben dem Halleluja der Engel bestehen konnte. Mit einem Amen in fünf Variationen schloß der kleine Vogel sein Solo.

Nachher ward eine Stille, wie sie nur lebendig wird, wenn ein ganz großer Meister sein Instrument zur Seite legt.

Erst als das Christkind selber anfing zu klatschen, flammte ringsum der Beifall auf. –

Auf dem Heimweg blieb das Vöglein sehr schweigsam. Niemals mehr, dachte es, werde ich solchen Lobpreis zustande bringen. Darum lieber schweigen, als nach diesem Amen etwas sagen.

Man kam zurück ins deutsche Land und gelangte an einem allerschönsten Maimorgen nach Forchheim. König Kaspar war ein wenig wirr. Sollte er jetzt wieder in Richtung Bamberg laufen oder einmal den Weg über Bayreuth nehmen. Wenn er vielleicht den Weingartsteig hinaufginge und einmal nach allen Richtungen schaute? Aber er war so müde. Darum setzte er sich ins weiche Gras, sagte zur Nachtigall: »Schau du nach!« und pflückte derweil ein paar Sternblumen. Die Nachtigall aber stieg hoch und höher und sah auf einmal Reuth liegen, hingeschmiegt an den Hang, eingehüllt in weiße, federleichte Wolken blühender Kirschbaumwipfel. »Das ist – das ist doch Bethlehem, ein Bethlehem im fränkischen Land!« Sofort klettert die Nachtigall von ihrer Höhe herunter, setzt sich dem König Kaspar auf die Hand, tippt mit dem Schnabel gegen Reuth und sagt zweimal hintereinander: »Guck! Guck!« Der König erhebt sich und ist von dem herrlichen Blick nicht minder getroffen.

»Fürwahr«, spricht er, »das ist Frankens Bethlehem«, und der Nachtigall befiehlt er: »Bleibe und zeige es in Zukunft jedem, der hier vorbeikommt!«

Und so geschah es. Die Nachtigall blieb und sitzt heute noch. Im Frühjahr weist sie hin auf den herrlichen Fleck, der dem gleicht, in welchem unser Herrgott geboren. Sie ruft jedem, der den Blick zur Erde senkt, ein helles »Guck-Guck« zu, so daß er den Kopf heben und schauen und immer wieder schauen muß.

So kommt es, daß der Reuther Kuckuck in Wirklichkeit eine Nachtigall ist, die nach ihrem großen Lobpreis an der Krippe kein anderes Lied mehr singen mag, dafür aber stets deuten will auf Bethlehem, und wenn es nur das fränkische ist.

Elisabeth Engelhardt
Stau am Credoja-Paß

Sie waren wieder im Finstern gesessen, 2000 Jahre oder weniger. Sie bewachten diesmal nicht ihre Herden auf dem Feld, diesmal hockten sie krumm und gerädert in den Kraftfahrzeugen. Auf der Autobahn Feldmoching – Bethlehem staute sich die Herde bei Schneeglätte und Schneeverwehungen. Sender Bayern 3 verkündete 30 Kilometer Stau. Fernlastzüge, die vor den kommenden Feiertagen am Ziel sein mußten, Wohnwagengespanne, Personenwagen. Geballtes Gastarbeiterheimweh rollte heimatwärts, die Straße hatte den üblichen Kurzurlaubsverkehr zu bewältigen, und nun zusätzlich den Anbetungstourismus.

Paul Aichinger und seine Familie, Frau Gisela, die Kinder Lotti und Paulchen, Lotti schon in der ersten Klasse, Paulchen noch nicht schulpflichtig, standen auf der linken Spur. Ob rechts, ob links, es ging weder vor noch zurück. Doch wie, wenn sie noch lange festgenagelt sein würden am Paß Credoja, sollten sie Augen- und Ohrenzeugen des Weltereignisses von Bethlehem werden?

»Da vorne muß irgendein Unfall passiert sein«, mutmaßte Gisela, die auch im Schnee das Gras wachsen hörte, als die Familie am Paß festsaß, hinter ihnen Scheinwerfer, hoffnungsvoll in Richtung Steiermark, Jugoslawien, Griechenland gerichtet.

»Sicher«, knurrte Paul verärgert, »sonst wären Sani und Poli nicht los wie die Wilde Sau.«

Es wurde kälter im Wagen. Paul hatte den Motor abgestellt, er wußte, was sich gehörte, andere produzierten Qualm. Fröstelnd und gelangweilt quengelten die Kinder.

»Schlaft ein bißchen«, tröstete Gisela wohlmeinend, »ihr könnt euch schön ausstrecken, zudecken, wir haben Gott sei Dank nicht unter Platzmangel zu leiden.«

»Und überhaupt«, mischte Paul sich ein, »wer wollte denn unbedingt nach Bethlehem?«

»Nicht so lahm«, winselte Paulchen, »mitn Dschett, mitn Dschett!«

Ein geheimnisvoller König war da, der neue Messias. Allen voran die Regenbogenpresse hatte die Königsgeburt ausfindig gemacht: Farbenfroh prangten Wiegen, Kronen, Throne auf den Titelseiten. Die Leserschaft, mit gekrönten Häuptern überfüttert, nichtsdestotrotz unersättlich, verlangte frische Majestäten. Sämtliche Tages- und Wochenblätter griffen das Gerücht auf: NEUER KÖNIG IM EWIGEN KRISENHERD!

Aichingers ließen sich erst vom Nahostkorrespondenten des Fernsehens überzeugen, von zweitausendjährigen Archivbildern, Kommentaren der Sachverständigen und brandneuen Aufnahmen aus der Wüste Judäa: Tote, Verwundete, Flüchtlinge, weinende Mütter, verstörte Kinder, gesprengte Häuser, verlassene Dörfer, ausgebrannte Omnibusse, Flugzeugtrümmer.

Aichingers waren keine unfrommen Leute. Im Gegenteil, Paul gehörte in seiner Gemeinde dem Kirchenvorstand an. Jetzt im Stau gingen ihm allerlei zumeist ärgerliche Gedanken durch den Kopf. Kein Reiseveranstalter, der sich die Haare nicht raufte, die Hände nicht rieb. Alles, alles ausgebucht. Blieb nur die abenteuerliche Fahrt mit dem eigenen PKW.

Die Schlange kroch zehn Meter weiter – zurückhaltender Jubel. Die Schlange verharrte – neue Niedergeschlagenheit.

Ein Messias soll es sein, der unsere Sprache spricht, unsere Probleme versteht, unsere Lebensqualität persönlich testet.

Blaues Licht. Martinshorn. Feuerwehrauto von hinten. »Mammi, ich halte den Durst nicht aus! Ich will eine Limo!« »Ich ein Eis. Mammi, ich will ein Eis!«

Sie zerrütteten Pauls Nerven. Sie schafften ihn.

»Still, du Fratz, oder ich werfe dich raus! Du kannst am Randstreifen massenhaft Eis und Schnee schlecken.«

Das Feuerwehrauto quetschte sich mittendurch, saß zwischen einem Gespann und einem Lastwagen in der Klemme. Müßte der letzte Idiot wissen, daß man sich in so einem Fall äußerst rechts und äußerst links einordnet. Ob wir jemals nach Piräus kommen? Sollte er kurzfristig umdisponieren? Vielleicht Triest? Vielleicht ein jugoslawischer Hafen? Paul schlüpfte in seine nagelneue, pelzgefütterte Wildlederjacke und stieg aus, um sich in der vorderen Linie zu informieren.

»Mammi! Fahren die alle nach Bethlehem?«

»Toll«, staunte Gisela, ohne die Frage zu beantworten. Toll, wie der Feuerwehrartist sich millimetergenau durch die Röhre quälte. Sie hatte indessen die Thermosflasche aus einer Tasche gewurstelt. »Wer von euch Durst hat, kann Tee bekommen. Schön heiß, der wärmt von innen!«

»Ich mag deinen Tee nicht, ich mag nur Limonade!«

Paulchen traf Anstalten, die hintere Türe zu öffnen, um ein bißchen am Schnee zu naschen. »Laß das, mein Häslein.« Gisela kurbelte die Scheibe herunter.

»Paulll!« rief sie plötzlich scharf, »Paulll, wie kannst du mitten auf der Fahrbahn herumbummeln, und von hinten kommen die Rocker. Diesen Rockern ist es egal, ob sie dich totfahren oder was!«

Wirklich, diese Horde auf den schweren Maschinen, eingemummt, bebrillt, behelmt, behandschuht, bereift, verschneit, frostklamm, rauschte fast unhörbar durch den Nebel. Die Fahrbahnmitte gehörte ihnen ohne Rücksicht auf die Spaziergänger, die zur Unfallstelle und wieder zurück promenierten.

Paul klopfte gerade einem der Vorderleute energisch an die Gardinen. »Du hirnrissiger, hergelaufener Umweltverschmu ...«, brüllte er hinein, indes der Verschmutzer höflich die Scheibe herunterkurbelte.

Hysterisches Jaulen, Urschrei aller wolfsstämmigen Köter. Mit einem Trampolinsatz schleuderte sich der winzige Dackelverschnitt aus dem Innern seiner vollbesetzten Familienkutsche zur Windschutzscheibe empor, mit der feuchten Schnauze direkt in Pauls Gesicht.

»Waldi! Sei lieb, sei brav.« Frauchen bemühte sich um das zappelnde Haarbündel.

Nichtsnutzige Bestie. In Paul kochte der Zorn, er fand's jetzt auch ziemlich heiß.

»Was wünschen Sie bitte?«

»Ich bitte Sie, verehrter Herr«, antwortete Paul entschieden, »um zwei Dinge. Erstens, nehmen Sie diesen Werwolf aus meinem Gesicht. Zweitens, stellen Sie bitte den Motor Ihrer Hämorrhoidenschaukel ab. Wenn das nämlich jeder so treibt wie Sie, sitzen morgen früh lauter Leichen in ihren Schmuckstücken.«

Auch der Vordermann ließ den Auspuff rauchen. Paul klopfte an die Scheibe, die halb heruntergelassen wurde. »Sagen Sie, wo leben Sie eigentlich, Mensch? Entweder stellen Sie den Motor ab, oder ich erstatte Anzeige wegen ...«

»Entschuldigung«, stammelte der junge Mann, »wir müssen es warm haben im Wagen. Wir erwarten ein Kind.« Das fehlte noch. Paul betrachtete die blasse Frau. »Wären Sie lieber daheim geblieben, hinterm Ofen, in der Klinik, wo Hebammen, Doktoren, Schwestern etcetera herumhüpfen, wenn so ein Baby unterwegs ist.« Der werdende Vater war glücklich, daß überhaupt jemand mit ihm redete. »Die Reise ist strapaziös. Aber es ging nicht anders. Und Sie? Fahren Sie alles über Land?«

»Bis Athen. Wir gehn in Piräus aufs Schiff.«

Die Schlange rührte und regte sich. Maria und Josef, dachte Paul. Der werdende Vater trat aufs Gaspedal, die Räder seines Vehikels drehten durch. Reifen hatte der drauf, o weh. Solche Schlappen und keine Schneeketten. Ein Hemd, Kleid, Pulli, irgendwas zum Unterlegen müßte man haben. Die Kollegen auf der anderen Spur zogen stolz vorbei, die Vorderleute rollten, hinter Maria und Josef tönten die Hupen. Auch Gisela hupte erbittert. Dieser Anfänger! Stieg voll aufs Gas. Mann o Mann, wo hatte der denn den Führerschein gemacht? »Nicht so. Ganz zart, sanft, verstehn Sie: sanft.«

Paul und ein anderer Spaziergänger stemmten sich gegen das Heck. Dreck flog ihnen um die Ohren. Die Räder hatten sich tiefe Kuhlen gewühlt. Nichts ging mehr ohne Unterlage. Pauls Blicke richteten sich auf den besudelten Kamelhaarmantel seines Helfers. Es mußte etwas geschehn, bevor der Volkszorn sich gewalttätig gegen das Paar entlud. Sollte er, verrückter Gedanke, seine neue, pelzgefütterte Wildlederjacke, Giselas Weihnachtsgeschenk, unter die Räder legen? Die hatte hart verdientes Geld gekostet, und so dick haben wir's nicht.

Erstickter Atemzug, erbarmenswerter Seufzer eines Abschiednehmenden. Paul Aichinger hatte sich das gute Stück vom Herzen gerissen, um es vor den Rädern auszubreiten.

»Anfahren! Schön gemütlich – ganz langsam!«

Der ungeschickte Fahrer gewann Boden unter den Rädern. Winken hin und her, durch vereiste Scheiben. Paul warf seine ramponierte Jacke über die Schulter, trottete zurück. Gisela setzte die Familienkutsche in Betrieb. »Paul! Wo treibst du dich herum?«

»Denk dir«, witzelte er, (hoffentlich sieht sie nicht, was mit der Jacke los ist), »Maria und Josef sind in derselben Schlange. Ich habe ...«

»Sind wir schon in Bethlehem?« piepste Paulchen aus dem Hintergrund.

Umkehren, dachte Paul besorgt. Und verwirrt. Wer weiß, was uns noch blüht? Wie sollten die Leute mit heiler Haut davonkommen?

»Bethlehem«, sagte Paul, und schien mit seinen Gedanken abwesend zu sein, »Bethlehem ist noch weit.«

Kein strahlender Stern, keine Hirten, keine himmlischen Heerscharen. Ruinierte Jacke, frostklamme Hände, Schlußlichter, Bremslichter, soweit das Auge reichte. Zwei Reihen, die sich im Nebel verlieren, der sich vielleicht mal lichten wird, Gott weiß wann. Wir finden ihn wieder, den Stern von damals. Bethlehems Stern.

Anneliese Lussert
Weihnacht in Gemünden

Die Zeit
strich ihren Balsam
auf die Wunden
dieser Stadt
deren Tod
beschlossen war.

Ihr Gesicht
ist herb geworden
wissend –
versöhnt.
In den heitern Falten
verlorener Gassen
bewahrt sie dennoch
Geheimnisse einer Zeit
vor uns.

Unter den Widerschein
der Heiligen Nacht
legt der Schnee

seinen Damast
daß kein Licht
ohne Echo sei
in der Dunkelheit.

In dieser Nacht
treten aus ihren Nischen
die Heiligen
und gebieten den Flüssen
zu schweigen
daß man
den Gesang der Engel
besser vernimmt.

Das Kind aber
ist uns so fern –
und die wiedererstandene Stadt
wäre ein gutes Bethlehem
ihre Wege sind bereitet -
alle Straßen führen zu ihr
und alle Brücken!

Habib Bektas
Sirin wünscht sich einen Weihnachtsbaum

Je näher die Feiertage kamen, um so trauriger wurde Sirin. Warum sie traurig war? – Nur noch drei Tage bis zum Weihnachtsfest, und in Sirins Wohnung stand noch immer kein »Kinderbaum«.

Kinderbaum? Diesen Namen hatte Sirin sich ausgedacht. Es war ihr Name für Weihnachtsbaum.

Alle Leute hatten bereits einen Weihnachtsbaum gekauft: Ulrikes Vater hatte einen Baum besorgt. Auch Stefans Eltern hatten einen. Michaels Mutter wollte einen holen. Und alle freuten sich auf die Geschenke, die unter dem Baum liegen würden.

Sirin ging ins Wohnzimmer. Ihr Vater saß vor dem Fernseher. Sirin setzte sich, wie sie es immer tat, auf seinen Schoß. Der Vater streichelte ihr Haar. Jeden Abend bat Sirin: »Bitte, Papa, kauf mir einen Kinderbaum!«

Immer antwortete ihr Vater: »Nein, es geht nicht, liebe Tochter!«

Heute abend wollte sie es noch einmal versuchen.

»Papa!«

»Ja?«

»Papalein!«

»Ja, mein Kind, was willst du?«

»Jeder, aber auch jeder kauft einen Kinderbaum. Du, Papa, bitte, kaufen wir auch einen?!«

Jeden Abend betrachtete Sirin Bernds Kinderbaum. Bernds Mutter hatte den geputzten Baum dicht hinter dem Fenster aufgestellt: An den Ästen hing bunt eingewickelte Schokolade. Rotes, grünes, blaues Licht beleuchtete Sterne und Glaskugeln. Oh, wie glitzerte der schöne Baum! Sirin träumte von ihrem Kinderbaum.

Ihr Vater blickte streng: »Meine Kleine. So oft habe ich es dir erklärt: Weihnachten, das ist nicht unser Fest, sondern ein Fest der Christen. Wir haben unsere eigenen Festtage. Und die Christen feiern auch nicht mit uns. Übrigens heißt es nicht Kinderbaum, sondern Weihnachtsbaum.«

»Aber viele Bäume sind klein wie Kinder.«

»Egal ob sie groß sind oder klein. Ich kaufe keinen! Wir sind Moslems.«

»Papa!«

»Ja«, sagte Sirins Vater unwirsch. Er wollte weiter fernsehen.

»Wenn wir einen Kinderbaum kaufen und dann Weihnachten feiern wie die Deutschen – wären sie dann böse auf uns?«

Sirins Vater überlegte eine Weile und sagte dann verärgert: »Warum sollten sie denn böse sein? Aber jetzt ist Schluß!«

Nein! Sirin wollte nicht aufhören.

»Papa!«
»Was ist denn jetzt wieder?«
»Papa! Nehmen wir uns doch einfach ein bißchen von dem deutschen Fest. Und geben wir den Deutschen etwas von unseren Festen ab. Wird dann nicht jedes Fest allen Menschen gehören?«

Ihr Vater lachte. »Ich weiß nicht, Sirin.«

»Dann feiern wir also Weihnachten. Nicht wahr, Papa?«

Vaters Gesicht wurde wieder streng. »Nein, meine Liebe. Jeder soll seine eigenen Feste feiern. Sonst entsteht ein heilloses Durcheinander.«

Sprach's und sah weiter fern.

Sirin hätte fast geweint.

Vom Schluchzen brannte ihr Hals.

Sie ging in die Küche und preßte ihre Stirn an die kalte Fensterscheibe. Draußen tanzten Schneeflocken unter der Straßenlaterne. Verzweifelt mühte sie sich, nicht zu Bernds Fenster zu blicken. Sicher hätte sie geweint, wenn sie die Lichter seines »Kinderbaumes« gesehen hätte. Viele Menschen waren noch auf der Straße. Sie kamen von der Arbeit und liefen in der Dämmerung rasch nach Hause. Manche schleppten Weihnachtsbäume.

Da! Ein Mann trug einen kleinen Baum. Er ging an ihrem Fenster vorüber.

In diesem Augenblick sah Sirin den kleinen Baum vor ihrem Haus. Sie wunderte sich, daß sie den Baum vorher nie wahrgenommen hatte. Schnell warf sie noch einen Blick auf den Mann, der gerade mit seinem Baum um die nächste Straßenecke verschwand. Dann blickte sie wieder auf den Baum vor ihrem Haus. Der Baum, den der Mann getragen hatte, und dieser ähnelten einander. Beide hatten fast dieselbe Größe. Aber da gab es noch einen Unterschied: Ihr Baum war nicht abgesägt. Seine Wurzeln steckten in der Erde. Er lebte.

Alle anderen stellen ihre Bäume in den Wohnungen auf. Sirins Baum darf draußen bleiben. Da wird er weiterleben. Ihr Baum muß nicht vertrocknen. Kein Leid wird ihm geschehen.

Sirin freute sich. Sie rannte los und herzte ihre Mutter, umarmte ihren Vater.

»Womit habe ich das verdient?« fragte der Vater verwundert und küßte Sirin.

Sirin ging zu Bett. Aber sie schlief nicht. Als die Eltern eingeschlafen waren, stand Sirin wieder auf. Leise zog sie sich an. Sie kramte in einer Schachtel und nahm ihre Bastelsachen, Schere, Schnur und Buntpapier, und ging leise nach draußen.

Wie schön sollte ihr Kinderbaum werden! Unter dem Gewicht des Schnees bogen sich seine schmalen Äste. Sirin faltete Blumenmuster und schnitt sie aus dem Papier. Sie zog die Schnur durch die Blumen und hängte ihren Schmuck an die Äste ihres Kinderbaums.

Sirin stand auf und betrachtete ihr Werk. Noch fehlten die Sterne. Ein Kinderbaum ohne Sterne, das war noch kein richtiger Kinderbaum! Sirin spürte ihre kalten Hände. Die Sterne wollte sie unbedingt noch basteln. Sirin griff nach der Schere. Aber die Finger wollten nicht so wie Sirin. Nur noch die Sterne, dachte sie, so wie die Sterne am Himmel.

Sirin hob den Kopf und blickte in den Sternenhimmel. Nanu! Einer der Sterne war plötzlich ganz nahe. Und der Stern sprach zu Sirin: »Wie heißt du?«

Sirin brachte kein Wort über die Lippen. Sie wußte nicht, daß Sterne reden können. »Sirin«, hauchte sie leise.

»Mein Name ist Weihnachtsstern. Warum bist du so traurig, Sirin?«

»Ich wollte für meinen Kinderbaum Sterne basteln. Doch meine Hände wollen nicht. Sie sind ganz kalt.«

»Magst du die Sterne so sehr?« fragte da der Weihnachtsstern.

»Wie kann man Sterne nicht mögen?«

Da lachte der Weihnachtsstern freundlich: »Sei nicht traurig, Sirin! Wenn du die Sterne so sehr magst, dann wird dein Kinderbaum die meisten Sterne und die hellsten Lichter bekommen!«

Der Weihnachtsstern setzte sich oben auf die Spitze des Baums. Prächtig strahlte ihr Kinderbaum bis zur anderen Straßenseite.

»Aber ich habe mir die Sterne viel größer vorgestellt«, sagte Sirin. Wieder lachte der Weihnachtsstern: »Es gibt kleine und es gibt große Sterne. Ich bin ein Kinderstern. Ich bin gekommen, um mit dir zu spielen. Und jetzt rufe ich meine Freunde. Dann spielen wir zusammen.« Er blickte zum Himmel: »He, Blumenstern! Tanzstern! Liebesstern! Kommt! Wir wollen mit Sirin spielen.«

Der Blumenstern kam mit tausend bunten Blüten. Der Liebesstern umfaßte Sirin lächelnd. Schon begann der Tanzstern zu hüpfen. Sie tanzten und sangen. Die Sterne sprangen so seltsam. Fast wie Känguruhs. Sirin war mitten unter den Sternen. Sirin wandte sich zum Blumenstern: »Wie schön! Ihr seid klein wie ich!«

Da sagten die Sterne zu Sirin: »Zum Kinderbaum kommen Kindersterne und spielen. Spielen, Sirin!«

Sirin wünschte sich, daß auch Bernd dabeisein könnte. Er würde sicher mit ihren Sternenfreunden spielen und tausend Fragen stellen: »He, Liebesstern, ich möchte dich was fragen!«

»Frag nur, Sirin!« antwortete der Liebesstern leise.

»Ja, frag nur!« riefen alle Sterne im Chor.

»Habt ihr einen«, flüsterte Sirin, »Türkenstern, Deutschenstern, einen Griechenstern?«

»Nein!« riefen alle Sterne verwundert. »Aber bestimmt habt ihr einen Islamstern, Christenstern ...«

»Nein!« unterbrachen die Sterne lachend. Der Liebesstern kitzelte Sirin am Ohr. Sie drehte sich zu ihm um.

»Aber wir sind tausendfach verschieden«, sagte der Liebesstern. »Schau den Himmel an ...«

»Dennoch«, unterbrach der Weihnachtsstern, »wir spielen zusammen und feiern alle Feste miteinander.«

Die Sterne rauschten um sie herum, und Sirin spürte die Sternenküsse auf ihren Wangen.

Als Mutter Sirins leeres Bett entdeckte, erschrak sie. Von ihrem Schreien wachte Vater auf. Gemeinsam eilten sie zur offenen Tür. Sie sahen ihre Tochter neben dem kleinen Tannenbaum. Sirin blickte in den Himmel und winkte.

Mutter setzte sie auf ihren Schoß. Sirin war so müde, daß sie sofort einschlief. Im Schlaf flüsterte sie noch: »Weihnachtsstern, Blumenstern, Tanzstern, Liebesstern. Ihr kommt doch wieder? Jetzt habe ich einen Kinderbaum!«

Verwundert blickte Sirins Mutter auf den geputzten Tannenbaum, dann in den Sternenhimmel. Vater war sehr nachdenklich. Gemeinsam trugen sie Sirin zurück in ihr Bett. Mutter wärmte sie noch eine Weile.

Vater und Mutter gingen nicht schlafen. Sie bastelten viele bunte Sterne. Mit den Sternen schmückten sie Sirins Zimmer. Den größten und prächtigsten Stern befestigten sie an der Spitze von Sirins Kinderbaum im Garten. Einige kleinere bunte Sterne verteilten sie über die unteren Äste.

Als Sirin am nächsten Morgen ihre Augen aufmachte, glaubte sie zu träumen. Überall waren bunte Sterne. Schnell sprang sie aus dem Bett, lief zum Küchenfenster und sah ihren Kinderbaum. »Meine lieben Sterne!«

Sie drehte sich um und sah in die lächelnden Gesichter ihrer Eltern. Sie umarmte beide: »Mama, lieber Papa!«

»Schau, dein Kinderbaum ist schön«, meinte Vater.

»Unser Kinderbaum ...!« sagte Mutter.

Wolf Peter Schnetz
Weinwachten oder
Die kleine Meerjungfrau in Heiligenstadt

»Weinwachten«, sagt Christina: »gestern ist Weinwachten, stimmt's, noch dreimal schlafen?« Christina ist ein blonder Engel mit blauen Augen, manchmal auch ein quirliger Teufel, 1 m hoch und ziemlich genau zwischen drei und vier Jahren alt. Sie sagt auch »Guttenabendtitt« und »ewieso«, und ich antworte ihr: »An Weinwachten wollen wir ein Schwein schlachten.« In zwei, drei Wochen ist es wieder soweit.

»Nein, kein Schwein schlachten!« schreit Christina entsetzt und hat Tränen in den Augen. »Der Papa macht doch nur Quatsch«, beruhigt die Mama, »Twatschtopf, Twatschtopf«, schreit die Kleine und brummt mit dem Finger durch die Luft: »brrrmbrrr«, bis die Spitze an der Stirn steckenbleibt, »togg togg togg«, das kann sie giga.

»Letztes Jahr ist auch wieder Weinwachten?« fragt sie dann die Mama. Zukunft ist bei ihr Vergangenheit, gestern ist morgen, letztes Jahr ist übermorgen, es ist schön, wie sie in allen Zeiten gleichzeitig lebt. Es gibt keinen Unterschied zwischen gestern und heute. Nachts träumt sie von Monstern. Die Kinderfilme im Nachmittagsprogramm sind voll davon. Das Wort TV hat Christina noch nicht drauf, »Tefe« sagt sie. Auch nicht Online, Internet und WWW. »Letztes Jahr« vielleicht, wenn sie zwischen vier und fünf geworden sein wird, wird sie ein paar Wörter Englisch babbeln, dann kombiniert sie am PC, das Spiel mit der Maus, führt ausdauernde Selbstgespräche und plötzlich schreit sie: »Jetzt hab ich mich aber versagt!« Großes Fragezeichen: »Versagt?« Versprochen, meint sie. Wieder stimme ich den Refrain an: »An Weinwachten wollen wir ein Schwein schlachten.« »Weihnachten, es heißt Weihnachten«, korrigiert mich die Kleine, sie ist ja ein Jahr älter geworden »letztes Jahr«. Am liebsten spielt sie Schule, deshalb achtet sie genau auf meine Fehler, ich mache alles falsch. Trotzdem beharre ich auf Weinwachten, Schwein schlachten, Spachteln und Wachteln in sachter Nacht, habacht. Letztes Jahr. Dieses Jahr. Nächstes Jahr. Dezember 1995. Oder 2000. Sonnenaufgang 8.12. Sonnenuntergang 16.14. In Heiligenstadt.

»Bist du jetzt sofort ruhig, du oder ...« schimpft der quirlige Zwerg mit den goldenen Augen und Mamas tadelnder Stimme auf der Zunge, stemmt die Arme in die Hüften und stampft wütend mit dem Bein auf: »Oder!«

»Oder?« »Oder du bist tot!« Christina hat einen Piratenfilm gesehn, und sie besteht darauf, daß ich der Kapitän bin, der vergiftet werden muß. Es weihnachtet sehr, und online laufen neben den Monsterfilmen jetzt auch viele Spielfilme mit blutigen Gemetzeln. Gestern, heute, morgen. Die User haben ihre Freude daran. Christina flüstert der Mama, mit der sie Geheimnisse austauscht, etwas ins Ohr, verschwörerisch, dann starrt sie mich neugierig an, ob das Gift, das sie mir ins Glas geschüttet hat, schon seine Wirkung tut. Ich merke nichts, denn ich weiß nichts von dem Anschlag. Christina wird ungeduldig: »Du mußt jetzt kotzen.« – »Hier beim Abendessen?« – »Genau!« Sie zeigt mir, wie es geht. Ich habe keine Chance. Wenn ich nicht mitspiele, wird es ein furchtbares Geschrei geben, und die Adventsstimmung ist versaut. Also bin ich Käpt'n Cook und würge lebensecht, als wäre ich vergiftet.

»Mama, der Papa ist tot!« heult Christina entzückt und hüpft und tanzt durch das Zimmer.

»Dann wollen wir doch einmal sehen, ob er einen Goldschatz hat«, eilt die Mama herbei und öffnet mir den Kiefer. »Da, da!« Sie zeigt auf die Backenzähne in meinem Mund und entdeckt die Goldbrücke. Dabei schwenkt sie eine Schatzinselzeichnung durch die Luft, die sie mit schnellen Strichen auf einen Zettel gekritzelt hat. Christina ist begeistert: »Tot, tot, tot!« Der Teufelsbraten beginnt, mich an allen Körperteilen zu amputieren und zu zerlegen: »Jetzt hab ich ihm den Hintern abgeschnitten!« Mordspiele und Beerdigungsrituale sind für Christina wichtig. Nur so kann sie das Unbegreifliche begreifen, wenn die Erwachsenen vom Sterben reden, und die Fernsehbilder erstarrte Körper in Bosnien und Tschetschenien zeigen, und die Schauspieler in den Horrorfilmen Todeskämpfe mimen. Dann sagt sie in einem Anflug von Ahnung: »Papa, du darfst nie, nie sterben«. Zögernd setzt sie nach, als wüßte sie alles von der Finsternis der Welt, wenn die Angst die Herzen der Wölfe zerreißt: »Papa, was ist, wenn du stirbst?« Ich habe keine

Antwort darauf. Es ist nicht gut, wenn man Kindern nicht antworten kann. Als Piratenkapitän aber darf ich sterben, an einem nebelgrauen Tag um Weihnachten, in zwei, drei Wochen, vielleicht in zwei, drei Tagen schon, morgen kommt der Weihnachtsmann, kommt mit seinen Gaben.

Plötzlich spüre ich etwas Bitteres im Mund. Christina hat mir einen Löffel Hustensaft eingedrückt. Schlagartig werde ich lebendig. Von Christina habe ich die Kunst gelernt, rückwärts zu leben und auferweckt zu werden. Sie ist allmächtig, ein Engel mit den Posaunen von Jericho, ein Auferstehungswiedererwecker. Hartnäckig. Laut: »Steh auf!« Also bin ich jetzt wieder lebendig. Ich stehe auf meinen zwei Beinen in einem tannennadelgrün geschmückten Raum in einem Haus in Heiligenstadt, dort, wo sich die Menschen mit dem schönen »bif bal nä!« verabschieden. Heiligenstadt, ein Wort, zwei Lügen. Der Marktflecken liegt gleich hinter Forchheim und Ebermannstadt, Richtung Bamberg, dort, wo die Stauffenbergs Schloß Greifenstein bewohnen, die Gralsburg auf walddunkler Hügelkuppe, Artus und Gweniver: »Bif bal nä!«

Hier verläuft die Grenze der fränkischen Lautverschiebung. Im Lauf der Jahrhunderte ist den Oberfranken der Unterkiefer immer weiter nach vorn gewachsen, bis sich Kinn und Nasenspitze beinah berührten. Da ist es verständlich, daß sich jedes »s« in ein fauchendes »f« verwandelt: »Bif bal nä, alfo gel!«

»Foviefo«, lautet die Antwort: »Adele, wafdfobafdfo.« Klingt keltisch. Einfacher ist es, wenn sich zwei Oberfranken begrüßen: »Unnd?« Fragezeichen, Ausrufezeichen! Oder, in gewählter Ausdrucksweise, quasi als Höflichkeitsform: »Unnd wie?« – »Auch schlecht«, lautet meine ehrliche Antwort. Die erwartete Überraschung bleibt aus. Stattdessen setzt ein Redefluß ein, ein endloser Monolog, ein nie nachlassender Erguß. Über nichts kann der Franke soviel reden wie über nichts: »Also gell, nä, sowieso.« Das ist Hochfränkisch.

Die Dürerschweine grunzen im Wildgehege des Grafen. Das Dürerschwein ist eine Kreuzung aus Hausschwein und Wildschwein und wird nur hier gezüchtet. Der Graf mästet die Schweine, die Gräfin dressiert Terrier. Das Dorf ist mit dem Schloß in Harmonie verbunden. Zweimal im Jahr gibt es eine Hasenjagd. In Franken, wo die Hasen Hosen und die Hosen Husen haaßen. Den ganzen Tag böllern Schüsse in der Luft, bellen Hunde, baggern Bagger, »baggmers!« In der Nachbarschaft lebte Max von Aufseß, der Tacitus zwischen Spessart und Karwendel: »Hier röhrt sich was«, »In Franken fangen sich die Winde«, »Frankens offene Türen«. Das Dorf ist mit Weihnachtssternen aus Glühbirnen geschmückt. Beim Metzger hängen Würste zwischen silbernem Lametta. Beim Bäcker ist der rote Nikolaus von knusperbraunen Brezen eingesäumt. Im Haushaltswarengeschäft »Saal« lächelt die Batterie der Barbie-Puppen. Ein Summen liegt in der Luft. Die Menschen stapfen langsamer durch die Gassen, in dicke Wintermäntel gehüllt. Die Zeit vergeht zäh. Sie stapfen in ihre Vergangenheit zurück. Jeder hat ein Stück Kindheit im Herzen, Engel und Hirten, Ochs und Esel und Streu in der Scheune, auch wenn er rauh zum dampfenden Nachbarmantel belfert: »Bif bal näh, alfo dann!«

Es ist Zeit, eine Geschichte zu erzählen. Christina besteht darauf. Jeden Abend dieselbe Geschichte. Keine Geschichte vom Weihnachtskrippenkind und Ochs und Eselein und den Weisen aus dem Morgenland, sondern die große Geschichte von der kleinen Meerjungfrau. Die Meerjungfrau liebte einen Prinzen. Der Prinz war in großer Not. Die Meerjungfrau hat ihm das Leben gerettet. Am Morgen zerfloß sie zu Schaum. Er glaubte, ein irdisches Mädchen sei es gewesen, das ihm geholfen habe, jung und schön. Also heiratete er sie. Die kleine Meerjungfrau aber mußte sterben. »Aus jedem Prinzen wird einmal ein Frosch«, sage ich, »das ist so«. »Nein, nein«, weint Christina, »das ist nicht wahr, die Meerjungfrau darf nicht tot sein.«

»Sie ist nicht tot«, erzählt die Mama nach einer Weile, um Christinas Tränenflut zu stillen: »Am Morgen geht die Sonne auf über dem Meer. Da erwacht die Meerjungfrau, schaukelt auf schneeweiß fliegenden Wellen und steigt ans Licht. Im Wind warten die Geister der Lüfte, um mit ihr zu tanzen. Und wenn hundert Jahre vergangen sind, kann sie auf die Erde zurückkommen, und der Prinz wird sie heiraten.« »Gestern!« besteht Christina, »wenn Weinwachten ist!« »Noch dreimal schlafen!« »Ganz bald!« »Weinwachten« sagt sie diesmal wieder und steckt den Daumen in den Mund, sie »versagt sich«, obwohl sie schon fast fünf ist und am liebsten Schule spielt.

In Heiligenstadt gehen die Lichter aus. Kein Mond, keine Sterne, kein Schnee, nur die Glühlämpchenrosetten, rotgold, in den Fenstern, und der Tannenbaum vor dem Nachbarhaus am verlängerten Kabel, Lichterglanz aus der Steckdose. Aus verdunkelten Zimmern schrummt Technosound hier und dort. Nur auf der Burg kümmert ein dünnes Licht im Eckfenster unter dem Dach, das letzte am Abend, das erste am Morgen.

Christina malt: Nein, sie malt keine Püppchen und Figürchen und Häuschen und Bäumchen, »oh Tannenbaum, oh Tannenbaum«, Christina malt anders. Ein Baumstamm wurzelt in der Luft. In der mit einem kräftigen Strich angedeuteten Krone wachsen Vogelblumen mit blauen Flügeln und einem seligen Lächeln im Gesicht. Ein großer bunter Vogel trägt eine Blume in den Himmel, und der Himmel ist blau, und die Erde ist blau, hellblau springen die Wellen, und jede Vogelblume ist eine Meerjungfrau. Sie kann fliegen. Sie ist glücklich. Bald wird sie heiraten. An Weihnachten oder Weinwachten. Jetzt weint sie nicht mehr in der Wacht am Wein, jetzt freut sie sich nur, und die kleine Meerjungfrau ist viel, viel schöner als das Christkind. Sie muß nicht in einer harten Krippe zwischen Ochs und Esel schlafen, frei weht sie im Blumenwind, und Meer und Erde und Erde und Himmel sind eins.

»Bif bal nä, wafdfobafdfo«, waaft der dampfende Wintermantel, der draußen im Dunkel vorbeistapft, Käpt'n Cook mit dem Holzbein, was weiß er schon, wie das Kind im Herzen anderer aussieht, was weiß er von sich selbst, was will er wissen von der Wirklichkeit, die er nicht wahrnimmt, was weiß er von der kleinen Meerjungfrau und von Weinwachten in Heiligenstadt?

Max Dauthendey
Brief an die kleine Lore in Altona in Deutschland
Geschrieben in Garoet im Javanerland
am Weihnachtsabend 1915

Liebe Lore,
Du hast etwas Schreckliches angestellt, und Du weißt es gar nicht. Erinnerst Du Dich noch, wie Du vor Weihnachten 1913 mich mit Mutter vom Bahnhof in Altona abholtest? Weißt Du noch, was Du da gewünscht hast, als ich Dich fragte, was Du Dir zu Weihnachten bestellt hättest. Du sagtest: »Ich habe mir ein selbstgeschriebenes Märchenbuch von Ihnen bestellt.« – »Ja«, sagte Deine liebe Mutter, »Lore hat sich ausgedacht, von Ihnen ein eigens für sie geschriebenes Märchenbuch zu bekommen.« Ich fand das ein bißchen viel. Aber weil ich Besuchsonkel war, und weil Du so schöne braune, wilde Locken hast, und weil und weil und weil ich Deine lieben Eltern so gern habe wie Du, sagte ich: »Ja, Lore soll das Märchenbuch bekommen.« Du freutest Dich und sagtest, als ich abreiste, mit Deinen lustigen Augen, die mich süß und dunkel wie zwei Stückchen Schokolade ansahen: »Vergiß mein Märchenbuch nicht!«

Es war leichtsinnig von mir, einem kleinen hartnäckigen Mädchen, wie Du bist, ein ganzes dickes Märchenbuch so schnell zu versprechen. Denn ich wußte ja gar nicht, wo ich Märchen herholen sollte. Nun sitze ich in der Patsche, und es ist nun das dritte Weihnachtsfest, daß Du auf Dein Märchenbuch wartest, und ich armer

Mann habe Deines Märchenbuches wegen Heimat, Frau und Haus verlassen und habe ein Schiff genommen und bin drei Jahre lang draußen in Asien, in Indien gereist, dort, wo ganze Menschen wie aus Schokolade herumlaufen, und wo sie nicht nur Schokoladenaugen haben. Jeden Kaufmann habe ich gefragt hier draußen: »Sagen Sie mal, wo kauft man denn für Lore hier in Indien die Märchen, die berühmten? Es ist da ein kleines Mädchen mit wilden Locken in Altona zu Hause, dem hab ich törichterweise ein ganzes Märchenbuch versprochen. Wo bezieht man denn die? Allein deshalb bin ich doch mit dem großen Schiff, das so viele Wochen lang zwischen Wasser und Himmel auf und ab schaukelte, hierher zu den Schokoladeleuten gereist, um der kleinen braunen Lore Märchen, frische, gut ausgewachsene, aus den Palmenwäldern zu holen.«

»Ach was«, knurrten die Kaufleute, »Gummi von den Gummibäumen, Kakao vom Kakaobaum, Reis von den Reisähren, Bananen, Ananas und Zucker vom Zuckerrohr können Sie hier haben. Aber Märchen haben wir nicht auf Lager. Denn jetzt gibt es Eisenbahnen hier draußen, so wie zu Hause um Altona herum, und wo es Eisenbahnen gibt, da gibt es keine Märchen mehr. In der Kohlenluft und beim lauten Lärm der Räder und bei dem ewigen eiligen Wind, den die Bahnzüge machen, wachsen die Märchen nicht mehr gut. Und deshalb bekommt man sie nicht mehr. Sie kommen zu schlecht fort.«

»Aber«, sagte ich erschrocken, »ich bin doch nun auf dem Schiff, das mit den beiden großen Schornsteinen so viel rauchte, so weit gereist! Ich muß Märchen heimbringen.«

»Ja«, sagte da ein Kaufmann nachdenklich und strich sein glattrasiertes Kinn, »reisen Sie mal ins Menschenfresserland da hinten!« Und er schlug in die Luft, dorthin, wo die Sonne morgens aufgeht.

»Ach, Gott, soll ich noch weiterreisen?« seufzte ich müde und trocknete mir den Schweiß von der Stirn. Denn im Javanerland war es schon so heiß wie zu Hause im

Badezimmer, wenn heiß Wasser aus der Wanne dampft und die Sonne am Fenster brennt und der Badeofen außerdem noch dick heiß ist.

»Ja«, meinte der glattrasierte Kaufmann, »wenn man kleinen deutschen Mädchen etwas versprochen hat, muß man es auch halten. Und wenn man es gar noch zur Zeit des Weihnachtsfestes versprochen hat, dann geht es einem ganz schlecht, wenn man es nicht hält.«

»Du lieber Gott«, seufzte ich, »so muß ich also ins Menschenfresserland reisen und der Lore dort Märchen holen! Aber wissen Sie auch gewiß, daß es dort Märchen gibt?«

»Nee«, gähnte der Kaufmann, den mein unvorteilhaftes Märchenverlangen langweilte, »nee; gewiß ist nur der Tod. Aber da es im Menschenfresserlande keine einzige Eisenbahn gibt, so werden wohl noch Märchen da sein!« Ich dankte und reiste also nach dem Lande der Menschenfresser.

Liebe Lore, weißt Du, was das heißen will, wenn man in ein Land reist, wo die bösen Menschen ihren Vater und ihre Mutter schlachten, wenn sie beide ganz mürbe geärgert haben? – Und sie schlachten morgens zum Kaffee kleine Kinder, die stippen sie in den Kaffee oder in die Schokolade, – das hatte der Herr gesagt, den ich eben gesprochen hatte, der mit dem glattrasierten Kinn. Und des Mittags schlachten sie Herren und des Abends zarte Damen, weil diese beim Nachtmahl verzehrt, nicht so schwer im Magen liegen. Da ich also ein Herr bin, konnte ich nur des Mittags geschlachtet werden. Ich war aber schlau und dachte: ›Dann gehe ich mittags nie aus und schlafe im Menschenfresserland immer über Mittag, denn morgens und abends, wenn ich ausgehe, tun sie mir nichts. Denn dann schlachten sie kleine Kinder und zarte Damen.‹ Es war aber alles Schwindel. Denn die Leute machen einem gar zu gern bang, wenn sie sehen, daß man allein reist und im fremden Lande nicht bekannt ist.

Im Menschenfresserland frißt man gar keine weißen Menschen mehr, wie Du und ich es sind, liebe Lore; Du kannst ruhig schlafen und sollst heute nacht nicht vom Menschenfressen träumen. Die Menschenfresser aßen nur Obst und Gemüse und Kartoffeln und taten keinem Menschen mehr was zuleide. Denn überall, wo ich hinkam, schämten sie sich bereits, daß sie einmal Menschenfresser gewesen sind, und sie wollten nicht mehr daran erinnert sein.

›Nun habe ich großes Glück‹, dachte ich bei mir. ›Nun kann ich auch abends und morgens dort spazieren gehen, da man gar nicht gefressen wird, und nun kann ich den ganzen Tag Märchen für Lore suchen, so wie man Schmetterlingen nachläuft.‹ Die Märchen stehen nämlich dort auf den großen grünen Blättern geschrieben, die am Palmenwaldrand wachsen, hatte man mir erzählt. Denn in den Wäldern dort wohnen Paradiesvögel; wenn die eine ihrer schönen hellgelben Schweiffedern verlieren und diese Feder dann auf ein Baumblatt fällt, so beginnt sie ganz von selbst Märchen zu schreiben, – weil es Paradiesfedern sind. Und die Ameisen bestreichen das Blatt mit Ameisensäure und dann erscheint die Schrift der Paradiesvogelfeder tief eingeätzt im Blatt. Man pflückt das Blatt ab und liest das Märchen herunter. So hatte ich immer gehört, daß es die schokoladefarbenen Indier machen. Ich wollte es auch so machen. Die Blätter wollte ich pressen, bis ich ein ganzes Märchenbuch für Dich, liebe Lore, beisammen hätte.

Ach, ich dachte es mir so leicht. Und zu Weihnachten 1914 wollte ich schon wieder bei Dir in Altona ankommen und das Märchenbuch Deinen lieben Eltern geben, damit sie es Dir am Heiligen Abend unter dem Weihnachtsbaum mit allen Geschenken schön aufbauen.

Aber nie wird es im Leben, wie man es sich lebhaft vorstellt. Denn das Leben ist ja auch ein Märchen voll Zauberei, voll Verwandelungen, voll Wundern überall. Man weiß nie, wie das Leben einem sein Märchen weitererzählen will. Wenn man abends ermüdet das Ohr aufs Kissen legt, denkt sich das Leben in der Nacht eine neue Überraschung aus. Denn es weiß ganz genau, was man denkt; und damit es nicht langweilig wirkt, tut das

Leben am nächsten Tag nie ganz genau so, wie man es sich am Abend beim Niederlegen vorausgedacht hat. Es tut immer was anderes, und das ist die große Kunst des Lebens, immer tags mehr Leben zu erfinden, als sich der Mensch abends ausdenken kann.

Seit ich aber von Altona und Deutschland abreiste, bist Du inzwischen drei Jahre älter geworden. Das macht mir den meisten Kummer. Denn nun, wenn ich Dir wirkliche Märchen heimbringe, liest Du sie vielleicht gar nicht mehr gern. Und dann liegt mein so schwer errungenes Märchenbuch bei der Katze im Winkel, und der Bücherwurm baut seine Gänge hinein, und das Buch zerfällt ungelesen in lauter kleine Schnitzel, vom Bücherwurm zerfressen. Aber ich habe es versprochen und muß halten, was ich versprochen habe, – mehr muß ich nicht tun. Liest Du meine Märchen gar nicht mehr, und willst vielleicht lieber dann einen Roman von mir geschrieben haben, so ist das Deine Sache und nicht meine. Daß Du dann einen Roman bekommst, will ich nicht wieder voreilig versprechen. Denn heute, wo ich diesen Brief an Dich schreibe, habe ich noch nicht mal das Märchenbuch angefangen.

Ja, stelle Dir vor: auch im Menschenfresserland gab es keine Märchen mehr vorrätig an den Bäumen. Und warum? (...) Weil alle Paradiesvögel an der Küste weggeschossen waren und dort also keine Paradiesvogelfedern zwischen den Palmen herumfliegen konnten. Denn die Damen in Europa brauchten in Berlin, in Paris und in London so viel Paradiesvogelfedern für ihre Hüte und für ihre Abendfrisuren, daß keine einzige Feder im Land geblieben war, die ein Märchen hätte schreiben können. So erklärte mir mein Kapitän, dem ich bei Rückkehr an Bord des Dampfers mein Leid geklagt hatte.

Sehr niedergestimmt, wollte ich von der Neu-Guineaküste durch die Südsee in westlicher Richtung nach Hause. Ich sagte mir, daß die teure, gefährliche und unendlich weite Reise nun für die Katz gewesen sei. Nichts, liebe Lore, war dabei für ein Märchenbuch herauszubekommen. Ich war ganz schwermütig. (...)

Aber wie durfte ich vor Dich, liebe Lore, und Deinen Weihnachtsbaum in Altona mit leeren Händen hintreten, ohne das versprochene Märchenbuch! Da kam ein Unglück, das mir aber Glück brachte.

Der Krieg brach aus und traf mich noch unterwegs in der Südsee, und ich mußte im Javanerland aussteigen und bleiben. Denn die Engländer stellten allen Schiffen nach und führten die deutschen Reisenden von dort fort und setzten sie gefangen.

Ich blieb also im Javanerlande, wo ich nun zum zweiten Mal das Weihnachtsfest im Grünen feiern könnte, wenn mir das Spaß machen würde. Denn hier im Javanerland gibt es keinen Schnee und keinen Winter. Es ist, wie im warmen Treibhaus, immer alles grün hier, das ganze Jahr hindurch.

Daß ich Dein Märchenbuch nicht vergessen habe, liebe Lore, das sollte Dir dieser meilenlange Brief auseinandersetzen. Und ich hoffe, daß ich, bis ich heimkommen darf, doch noch die Märchen erzählt bekommen habe, die ich Dir so gern mitbringen möchte.

Denn sieh, es ist mir gute Hoffnung in diesen Tagen geworden. In der Sankt-Nikolaus-Nacht ist mir Sankt Nikolaus im scharlachroten Gewand erschienen, und hinter ihm ging sein Knecht Ruprecht. Der hielt ein dickes Buch auf einem silbernen Teller. Dieses Buch schlug der heilige Nikolaus vor mir auf. Und denke Dir, es war ein mit roter Tinte geschriebenes dickes Märchenbuch, das er mir zeigte. Der heilige Nikolaus strich seinen langen weißen Bart und sagte sehr freundlich zu mir:

»Ich habe dich von zwölf deiner Freunde zu grüßen. Die zwölf haben dir vor einem Jahr deinen Kummer aus dem Gesicht abgelesen, als du nach Neu-Guinea gekommen warst, um Märchenblätter zu suchen, ohne sie aber an den Palmenbäumen zu finden. Und da du zu allen zwölf gastfreundlich, höflich und freundlich gewesen bist, wollen sie dir gern etwas Gutes erweisen.

Denn Gutsein bringt Früchte. Dir bringt es zwölf Märchen.«

»Ach«, seufzte ich erleichtert im Schlaf, »lieber Sankt Nikolaus, darf ich das Buch für Lore gleich behalten?« Und ich griff voreilig nach dem mit roter Tinte geschriebenen Märchenbuch, das da vor mir auf der silbernen Platte lag, die der Knecht Ruprecht in den Händen hielt. Aber der Nikolaus klopfte mir mit seinem goldenen Bischofstab auf die Hand und sagte: »Finger weg! Es ist noch nicht Weihnachten. Bis zu den zwölf heiligen Nächten, die vom vierundzwanzigsten Dezember bis zum sechsten Januar, dem heiligen Dreikönigsfest, dauern, – bis dahin sollst du warten. Deine zwölf Freunde wollen in den heiligen Nächten, jeder einzeln, in jeder Nacht einer von ihnen, dich abholen, und dann sollst du mit jedem durch ein Märchen wandern.

Du mußt aber am Tage selbst niederschreiben, was du nachts erlebt hast. Denn Lore will es von dir geschrieben haben, das Buch, und von keinem andern. Dieses Märchenbuch hier aber bleibt im Himmel, im Bücherschrank der Kinder dort. Dieses Buch kommt nur durch dich auf die Erde, dadurch, daß dich deine zwölf Freunde in den zwölf heiligen Nächten in diese Märchen einweihen.

Also rüste dich und mache dich klug, daß du alles gut behältst, was du erleben wirst, damit du es Lore zu Weihnachten 1916 unter den Weihnachtsbaum legen kannst, das neue Märchenbuch. Das Buch aber sollst du benennen: ›Das Märchenbriefbuch der heiligen Nächte im Javanerlande‹. So soll es heißen.«

Da dankte ich in heller Freude dem alten, silberhaarigen lieben Sankt Nikolaus, und in der Eile meiner Freude erwischte ich statt des Zipfels seines roten Ärmels den Zipfel seines weißen Bartes, den ich dankbar an die Lippen führte und ehrfürchtig küßte. Er nahm es mir nicht übel und schlug das rotgeschriebene Buch zu, bestieg mit dem Knecht Ruprecht sein schön lackiertes schwarzes Auto und fuhr unter den Alleebäumen von Garoet davon, nachdem er mir nochmals zugewinkt hatte. Ich sah noch eine Weile in der Ferne den goldenen Bischofstab blitzen, – dann war ich allein.

Also, heute abend beginnt nun die erste der heiligen Nächte, liebe Lore, und morgen will ich Dir genau das Märchen erzählen und niederschreiben, das ich heute nacht erleben werde! (...)

Dein reisender Dichteronkel
Max

Horst Ulbricht
Der Hase kämpft

Papa ist gekommen: Weihnachtsurlaub. H.s Eisenbahn müsse verhamstert werden, auf die er sich so gefreut habe; sie wüßten, er sei ein lieber Junge. Dachte er an sie? Hier sei ja gar kein Platz, außerdem bekämen sie einen Zentner Mehl und noch einiges vom Lagerhaus Sch.; vielleicht könnte er manchmal hingehen zum Spielen. Er schweigt. Soll er weinen? Womöglich ist die Eisenbahn dadurch zu retten. Denn lieb ist sie ihm, da sie fort soll. Sie gehört ihm, es ist seine Eisenbahn, sie wurde ihm geschenkt. G'schenkt, g'schenkt nimmer geben; g'funden, g'funden wiedergeben. Das ist nicht gerecht, gestohlen ist das! Fehlen wird sie ihm, sobald sie nicht mehr da ist. Seine Spielsachen verhamstern sie schon. Er weint nicht, bleibt stumm: ganz laut hören sie jetzt die Glocken, pfeifen tut es in ihren Ohren.

Verpackt steht die Eisenbahn im Flur. Wie so oft will er etwas sagen, läßt es, wie so oft. Sein Schweigen ist viel weniger strafend, als er denkt, hat sich so ergeben. Mit hochgezogenen Schultern steht er da, die ein wenig zucken, zieht Rotze hoch, begreift, daß es bisweilen zu spät ist, etwas zu unternehmen. Die Eltern fordern ihn auf, mitzukommen; er kommt mit. Dann steht er in einem fremden großen Wohnzimmer. Ein fremder Mann spricht mit Papa, bringt einen Sack. Eine fremde Frau spricht mit Mama, bringt verschiedene Tüten, die in einer Tasche verstaut werden. Ein fremder Junge schaut ihn an, packt, etwas zögernd noch, die Eisenbahn aus, obwohl es gar nicht Weihnachten ist. Papa hilft; er steht da. Die Eisenbahn fährt; er fühlt sich seltsam zu Hause. Mitspielen solle er doch; er schüttelt den Kopf. Zum Spielen werde er doch kommen; er schüttelt den Kopf. Ob er die Sprache verloren habe; er schüttelt den Kopf, obgleich er weiß, daß er sprachlos ist. Wie er denn heiße; er schüttelt den Kopf. Es wird gelacht; er schüttelt den Kopf, versteht wieder nicht. Noch einmal wird ihm bestätigt, daß er ein braver Junge sei. Das begreift er nicht, schämt sich dessen, was wohl ein Lob sein soll; zum erstenmal schämt er sich bewußt seiner Eltern. Peinlich sind sie ihm; uninteressiert stellt er sich hin, als wäre er zufällig da, gehöre nicht dazu. Dann geht er mit diesen fremden Elternleuten nach Hause.

Noch mehr Fragen als sonst bleiben für ihn in diesen Tagen ohne Antwort. Die Eltern freuten sich auf die Weihnachtsfeier im Kindergarten: Feierzweige an Wänden, Fichtengrün überall. Auf kleiner Bühne steht er mit anderen Kindern, sie halten sich an den Händen, zum Reigen aus Angst, drehen sich, vor und zurück, winden sich, können der Freude ihrer lieben Eltern nicht entwischen. Ein mechanisches Spielzeug kommt ihm in den Sinn, das er irgendwo haben muß, wenn es nicht verhamstert ist: Ein Junge mit einem grünen Hütchen dreht ein Mädchen mit rotem Kopftuch im Kreis, immer im Kreis, bis er abgelaufen ist. Dann wird er neu aufgezogen, muß wieder, immer wieder. Das können sie verhamstern. Vergeblich sucht er den Blick in die aufgerissenen Münder zu vermeiden. Warum sie lachen? Bei den Proben lachte niemand. Er wollte nicht mitspielen. Wie unabsichtlich bleibt sein Blick an der feisten Lache Papas hängen. Er bekommt eine Ahnung von dieser schweißnassen Fröhlichkeit, die sich auf der Kinder Kosten amüsiert. Seinen hellhörigen Ohren entgeht nicht, daß dem Lachen keine wie immer geartete Unsicherheit eines Kindes entgeht: kein Steckenbleiben im Text, kein Versprecher. Er bemerkt den Sumpf, zu dem diese Lachen zusammenfließen. Papa greift mit den Fingern unter den Hemdkragen, um seinem geröteten Gesicht Luft zu schaffen. Da streckt H. die Zunge heraus; oder leckt er sich nur die trockenen Lippen?

Selbst diese Schaustellung von Kindern nimmt ein Ende, freilich nicht ohne ein Ohdufröhlichéé, in das die lieben Eltern auch ohne Aufforderung durch die Schwestern eingestimmt hätten. Noch auf dem Heimweg amüsiert man sich. Das Herausstrecken der Zunge, von den Eltern bemerkt, war diesmal Grund zu einer Heiterkeit. H. fühlt die Demütigung, seine Hilflosigkeit. Ob ihm Prügel lieber wären? Auf und zu macht er den Mund. Hofft er, daß sich durch diese Bewegungen des Sprechens Sprache einstellt? Die stellt sich jedoch nur bei seiner immer besorgten Mama ein, die ihn auffordert, endlich seinen Mund zuzumachen, er erkälte sich sowieso immer so leicht, sie habe genug Arbeit, noch dazu vor Weihnachten, Opa sei krank, überhaupt bräuchten sie alle dringend ihren Schlaf, nicht sein Gebelle; sie sei froh, daß es endlich etwas besser mit ihm geworden sei, nachdem sie sich aufgeopfert habe, was andere Mütter nicht täten.

Nach dem Abendessen reißt er wieder den Mund auf, ebenso vergeblich, bleibt stumm, sosehr er sich müht. Mama fährt ihn an, er solle jetzt endlich den Mund halten, was das nun wieder für eine neue Untugend sei, wenn er so das Maul aufreiße, erinnere er sehr an einen Dorfdeppen, und er sei doch kein Depp, oder? Manchmal glaube sie es beinahe!

Weihnachtsbäume müssen besorgt werden. Mama und er gehen mit einer der größeren Musikschülerinnen in den Wald, Bäume fällen. Noch einige andere Frauen aus dem Städtchen sind dabei. Durch die Unterhaltung der Frauen hört er die Stille des Winterwaldes. Hier war er noch nie. Kreuz und quer eilen die verschiedenen Spuren über den Boden. Die der Vögel kennt er; gern wüßte er, welche Tiere die anderen machten; ob ein Wolf dabei war? Nur den Spuren nachgehen, am Ende säße er. Fußtritte von Menschen sind nicht zu sehen, keine von einer Hexe; dafür sind alle zu klein. Das erstaunt ihn, sind sie doch im Hexenwald, ihm oft genug von der Veranda aus gezeigt. Sie hatten einen Umweg gemacht, waren nicht am Hexenhaus vorbeigelaufen, das im Winter zu sehen ist. Seine leise Frage nach der Hexe wird unterschiedlich beantwortet. Mama meint, die sei bei der Kälte sicher zu Hause geblieben, nicht jede Frau rackere sich so ab wie sie. Irgend jemand kichert, was ihn von neuem irritiert. Eine alte Frau meint gar, Hexen gäbe es keine. Alles mögliche versucht sie ihm zu erzählen: von alten Frauen, Heilkräutern, Aberglauben, Märchen. Gar nicht hin hört er. Die kann lange reden! Sooft er will, kann er jetzt jeden Tag das Hexenhaus sehen; die Schwester im Kindergarten hat erzählt, daß es sogar Teufel, böse Geister gibt, echte. Schweigend legen sie den Rest des Wegs zurück. Viele abgebrochene Äste liegen herum.

Auf der kleinen Schonung fällen die Frauen vom Schnee freigeschüttelte, im Wuchs einwandfreie Fichten mit Axt und Fuchsschwanz. Bald liegt die Strecke der Bäumchen da, hübsch nebeneinander, der Größe nach. Wie beim Aufstellen im Kindergarten. Er möchte diesen kleinen Baum haben, doch Mama hält den für viel zu verwachsen, ein Baumkrüppel sei das, kein Weihnachtsbaum. Sie bläst das Halali: nichts als Arbeit und keinen Dank! Nie mehr eine Frau!

Welche nimmt welchen? Da sie sich nicht einigen können, hier aus dem vollen geschöpft werden könne, schlagen sie noch ein paar. Dabei fällt Mama Schnee in die Schuhe, sie muß sie ausziehen, schimpft über den verfluchten Schnee, das verdammte Weihnachtsfest, wenn die Kinder nicht wären.

Ob die Bäume jetzt tot sind? Dafür sind sie Weihnachtsbäume. Menschen müssen ebenfalls sterben, wenn sie Engel werden wollen, hat die Schwester gesagt. Ob die Bäume Weihnachtsbäume werden wollen? Er will nur groß werden, ein Engel kann er sowieso nicht werden, weil er nicht brav ist, nicht einmal gern singt, für einen Engel viel zu unmusikalisch ist. Überhaupt wird er Seeräuber, Mama wird ein Engel.

Auch er muß eine kleine Fichte tragen, Mama trägt zwei. Fast ist er ein wenig froh, daß der Kleine so verwachsen war. Plötzliches Flügelschlagen vor ihnen, er zuckt zusammen, sieht Dunkles zwischen Wipfeln im grauenden Himmel verschwinden. Hier gibt es keine Hexen, höhnt er still. Die Alte irrt sich, wenn sie glaubt, ihm solche Kindermärchen erzählen zu können. Ist er erst Seeräuber, wird er mit den Hexen kämpfen. Was da flog, war entweder die Hexe oder sie hatte sich in einen Raben verwandelt. Nur Mama hatte sie ferngehalten, die Weihnachtsbäume, weil sie so viele sind. Vorsichtshalber hält er sich in der Mitte der Gruppe, kommt dabei erneut neben die Alte. Wieder versucht sie ein Gespräch, doch er scheint taub. Überall müßten die Schönen dran glauben, übrig blieben die Krüppel, die Schlauen, das werde er schon noch verstehen. Aus ihrer Tasche holt sie einen Bonbon. Dieses Angebot schlägt er nicht aus. Kräuterbonbons. Das Entsetzen kommt mit einer kleinen Verspätung. Hatte die Alte vorhin nicht von Heilkräutern gesprochen? Wenn die selbst eine Hexe war? Rasch muß er dieses giftige Bonbon aus dem Mund kriegen, und so, daß niemand etwas merkt, besonders die Alte nicht, diese Hexe. Ein rettender Hustenanfall stellt sich ein. Wie beim Schneewittchen! freut er sich. Doch Mama hat es bemerkt, der entgeht nichts: So ein dummer Kerl, jetzt habe er den Bonbon ausgespuckt. Und dann verlieren sich die Frauen bis zum Städtchen in einem Gespräch über Husten. Die Hexe besitzt einen ganzen Sack voller todsicherer Hausmittel, wie sie mehrfach beteuert. Das beste sei, die Brust mit heißem Schweineschmalz einzureiben, nur Hundefett sei noch besser, jedoch schwer zu bekommen; falls unbedingt nötig, sie habe selbst da ihre Verbindungen. Hundefett helfe sogar bei Tuberkulose, in Verbindung mit anderen Mitteln.

Er bemerkt, daß sie ihn immer so von der Seite ansieht. Sein Verdacht ist fast schon Gewißheit; wenn die nicht selbst eine Hexe ist, kennt sie zumindest die anderen. Beim unteren Tor muß er ihr die Hand geben, wird extra zurückgerufen, was er doch unbedingt hatte vermeiden wollen. Länger als nötig hält sie seine Hand. Dem Blick ausweichen, so gut es geht. Freundlich tut sie, schaut traurig. Jetzt weiß er ganz sicher, daß die eine Hexe ist. Wie im Schneewittchen! Traurig ist sie bloß, weil sie ihn nicht verzaubern konnte. Genau sieht er, wie sie der Mama Bonbons gibt, eine ganze Handvoll. Nun wird er sehen, wie sie wirken. Doch vorerst steckt diese sie in die Tasche, wegen der Bäume.

Der Weihnachtsbaum wird ausgewählt, der Hauptweihnachtsbaum, fürs Wohnzimmer, denn die anderen sind selbstverständlich ebenfalls Weihnachtsbäume, werden im Garten in den Schnee gesteckt, oben, wo einige Dutzend Fichten stehen. Mama meint, es sähe sehr weihnachtlich aus. Die Kuh sei auch dabei gewesen, die alte. Papa wundert sich, wie diese alte Hexe immer noch auf den Beinen ist, für H. nichts Neues. Weil er nasse Füße hat, bekommt er vor dem Bettgehen einen heißen Schmalzwickel, was sehr unangenehm ist: Rache der Hexe. Trotzdem geht er ganz vergnügt ins Bett, denn er weiß: Ernsthaftes kann ihm nicht passieren, weil er kein Bonbon, keinen Apfel, keinen Lebkuchen aß. Da schläft er schon. Am Morgen hat Mama einen bösen Husten, und er lächelt bös. Hätte sie kein Bonbon gegessen. Gegen den Husten nimmt sie noch eines. Soll er etwas sagen? Er denkt an das Weihnachtsspiel und seine Eisenbahn und überhaupt und schweigt.

Am Nachmittag muß Mama schon ins Bett, hat hohes Fieber. Papa holt den Doktor. Wenn sie stirbt? Selber schuld! Sie wissen, daß die eine Hexe ist, Papa hat es selbst gesagt. Die Ilse hat keine Mama. Ins Wohnzimmer schleicht er, holt die Bonbons, wirft sie ins Häuschen.

Anschließend wäscht er sich ganz lang die Hände, im Winter: besser ist besser. Verdient hat sie es nicht, aber Seeräuber sind großmütig. Gleich wegwerfen hätte er sie vielleicht nicht sollen.

Am Abend wird er gefragt, wo die Hustenbonbons seien, weiß von nichts, bekommt seine Tracht Prügel, weil alle überzeugt sind, nur er bringe es fertig, alles allein zu essen, nicht einmal der kranken Mama, die alles für ihn tue, einen abzugeben. Auch noch lügen! Schluchzend schweigt er, bedauert seine Großmut.

Dann ist es soweit: Heiligabend. Es ist freilich noch am frühen Morgen. Papa und Mama streiten wegen des Weihnachtsbratens, Opa und Ilse weinen, weil sie alles verloren haben. Mit dem Beil geht Papa zu den Ställen. Neugierig folgt er. Papa hält eine gelbe Rübe durchs Gitter, mustert die Kaninchen, wie die Hexe den Hänsel. Die Tiere drängen nach der Rübe, die ihnen immer wieder entzogen wird. Schnuppernde Schnauzen am Maschendraht. Vorsichtig wird die Tür spaltbreit geöffnet. Aufgeregt hüpfen die Kaninchen herum, weichen der Hand aus. Vereinzelt schrilles Quieken. Das große Graue ist gepackt, schlägt mit seinen Pfoten um sich, trifft den Boden, andere Hasen, die in Panik geraten. Dumpf rennen sie gegen die Bretter. Doch Papa läßt nicht locker, zieht langsam den Braten heraus. Schon schaut der Kopf aus der Tür, den festen Griff im Nacken; da bekommt Papa einen Pfotenhieb ab, läßt fluchend los. Das Graue springt heraus, die Tür wird geschlossen, das Hölzchen vorgesteckt. H. hatte einige erschreckte Schritte nach hinten gemacht. Vor ihm sitzt das Kaninchen. Als wüßte es um die Vergeblichkeit, unternimmt es keinen Fluchtversuch, sitzt nur da, schaut ihn an. Die Stunde des Abschieds ist da. Ob es an den sommerlichen Löwenzahn denkt, überlegt er, den er ihm durchs Gitter gesteckt hat, daran, wie es die Stelle des Holzpferdes vor dem kleinen Wagen einnehmen sollte? Es war aber nichts daraus geworden, da es zu unvermittelt loshopste und wieder sitzen blieb. Mit der Befestigung haperte es ebenfalls.

Unterdessen band Papa sein großes Taschentuch um die Hand, nähert sich dem Grauen vorsichtig, sei es, weitere Kratzer, sei es, einen Fluchtversuch befürchtend. Es sitzt da, zittert. Kälte oder Feigheit? fragt sich H., beginnt, das Kaninchen zu verachten. So säße er nicht da. Auf und davon wäre er, hätten Mama und Papa nicht verboten, den Garten zu verlassen. Einen Waldhasen müßte er haben, nicht so einen lumpigen Stallhasen, der bloß schön ist. Seiner Verachtung angemessene Worte fehlen, so kann er nur wiederholen:

– Ein schöner Stallhase!

Papa bekam das Kaninchen wieder zu fassen, mit der Rechten drückt er es in den Schnee, mit der Linken greift er es an den Hinterläufen. Nicht einmal jetzt wehrt es sich. Etwas zitternd steht Papa auf, läßt es an den Läufen nach unten hängen, schlägt es mit der stumpfen Seite des Beils mehrfach ins Genick. Zuckt das Graue vor Schmerz, weil es was hinter die Löffel gekriegt hat? Mama kommt nachschauen, wie weit er ist, wirft ihm seine ewige Tillerei vor; den ganzen Tag müsse sie sich hetzen, könne sich auch nicht zu jeder Arbeit so viel Zeit lassen; alles habe sie vorbereitet, nur noch gespickt müsse er werden; es weihnachte schon.

Mit raschen Schlägen wird das Kaninchen, die Hinterläufe gespreizt, an die Wand des Schuppens gekreuzigt; das Abziehen ist eine heikle Angelegenheit. Kein Fell noch wurde bisher unbeschädigt abgezogen, wie er aus Streitereien weiß. Stumm, verbissen, keuchend hantiert Papa. In dünnen Rinnsalen läuft das Blut hinab über den Kopf, tropft in den Schnee. Im Stall herrscht Unruhe. Das Fell, besser auch diesmal: seine Reste, ist bis zum Bauch heruntergezogen. Es sieht aus, als würden ihm die Hosen herunter-, hinaufgezogen. Der blutige Arsch wird noch windelweich geschlagen werden. Ein einzelner hoher, dünner Schrei zerbricht die feiertägliche Stille. Ein Pfeifen folgt, wird schließlich zu einer Art

Heulen. Das Graue schlägt die Bretter mit dem Schädel. Die Axt greift Papa, doch dieser kreischende Schädel ist in so rascher Bewegung, daß an einen sicheren Schlag nicht zu denken ist. Einfach draufloshacken, den Weihnachtsbraten zerstören, geht nicht. Seine Frau würde ihm was Schönes erzählen. Das frohe Fest wäre endgültig beim Teufel. Die Vorderpfoten packend, was gar nicht so einfach ist, denn das Graue fährt damit herum, als wolle es seine Kleidung in Ordnung bringen: die Hose hinunter-, hinaufziehen, schreit Papa, man solle ihm endlich helfen. Nicht von der Stelle rührt H. sich. Endlich hat Papa eine Pfote, nagelt sie fest, mit der zweiten ist es beinahe ein Kinderspiel; einige Hiebe mit dem Beil, der dritte oder vierte spaltet dem Grauen schon den Schädel.

Nun hatte es doch noch gekämpft, war gefallen wie ein Mann. H. ist zufrieden, hätte vor wenigen Wochen noch geweint. Auch er ist ein Mann, zieht den Rotz hoch; das macht bloß die Kälte. Selbst Papa ist befriedigt.

Das Graue gibt es erst zum Abendessen. Mama meint, der, sie sagt wieder der, sei ein schönes Exemplar gewesen, sie habe das alles sauber weggeschnitten, lange gewaschen, jetzt sei alles ganz sauber.

Aus dem rohen Kloß baut H. einen Damm für die Soße. Ganz nackt liegt es da, wie Pflaster sehen die Speckstreifen aus. Er wird rechtzeitig kämpfen, doch gekämpft hat es prächtig; satt ist er, allerdings möchte er noch mehr Fleisch. Und er bekommt, denn es ist nur einmal Weihnachten im Jahr. Papa ißt inzwischen mit beiden Händen, reißt das Fleisch von den Knochen, die Fetzen in den schmatzenden Mund stopfend. Fett läuft ihm übers Kinn. Schön fett sei es gewesen. Die Eltern sind sich einig, es sei nun doch noch eine gute Abendmahlzeit geworden. Schade nur, daß das Fell wieder Löcher habe, sie werde es zu stopfen versuchen, damit Opa endlich was für seinen Rheumatismus habe.

In der Küche zeichnet H. einen Hasen, während im Wohnzimmer das Christkind kommt. Dem Kaninchen malt er rot »H« auf den dicken Bauch.

Die stille und heilige Nacht bricht an, wieder mit Ohdufröhlicheé und leise rieselt der Schnee. Papa freut sich, morgen nicht Schnee räumen zu müssen, da es Gott sei Dank zu schneien aufgehört habe. Mama bewegt gerührt ihr Schifferklavier, Papa lehnt sich zufrieden zurück, entspannt, Hände überm Bauch gefaltet, rülpst, bedächtig mit dem Kopf nickend, freut sich seines ebenso dicht wie akkurat hängenden Lamettas: Wer eine Fichte sehen wolle, brauche nur in den Garten zu gehen. Das hier sei wieder ein Weihnachtsbaum, der sich sehen lassen könne. Besonders gelungen sei ihm wie immer seine Krone.

Ja, und wenn sie heute nicht auch noch den Christus abgestaubt hätte. H. blickt zum Kruzifix in der Ecke empor, das er nicht leiden kann: ein Papa läßt den Sohn ans Kreuz nageln wie einen Hasen, und der! Bloß der Kopf ist nach oben.

Mit dem Gesang der schönen alten Lieder hat es die alten Schwierigkeiten: viele erste Strophen, diese fast alle vollständig, gefolgt von den bekannten Lahlahlahs und Mhmhmhs, dazwischen, schön verteilt, reichlich goldlockiges Haar, ein paar Tränen, jede Menge reiner Magd für Mama; verlorene Welt, viel Fleisch für Papa. H. interessiert heute der zur Winterszeit grünende Tannenbaum, neben den vielen Gaben. Ein wenig wundert er sich, warum in den Liedern keine Hasen vorkommen, gelangt aber zur Überzeugung, daß die in den anderen Versen drin sind. Deshalb streut er zwischendurch ein:

– Es kämpft der Hase, der Hase kämpft!

Gehört wird er auch diesmal nicht. Sogar das Singen gefällt ihm heute: gemütlich, mit Herz, ruht er, wie gelernt, auf jedem Vokal.

Papa bedauert, daß keiner außer ihm diese schönen Lieder kennt:

– Eine Schande so was, eine Schande. Nicht einmal ein Gesangbuch im Haus, aber diesen blöden Christus den ganzen Tag abstauben. Was soll denn diese Fummelei?

Wie soll da Stimmung aufkommen? Wenn das Graue
nicht gewesen wär. Aber da kann man nichts sagen. Ein
erstklassiger Braten.
Praktisch sind die Gaben wieder, warm. H. fürchtet,
daß sie wieder kratzen, freut sich schon ein ganz klein
wenig auf das nächste Weihnachtsfest. Irgendwann
bekäme er es. Zur Feier des Tages genehmigt Papa sich
eine Zigarre; die Kerzen vertropfen flackernd; zum
Ausklang beginnt Mama noch einmal von vorn auf dem
Schifferklavier, diesmal jedoch ohne Gesang, nur mit
Seufzern.

Fitzgerald Kusz
weihnachten

dä grisdbamm is in dä schdumm gschdandn
in di schdumm houd mä blouß
am sunndooch neiderfd
undä dä wochn hammä uns
in dä küchn aufghaldn
undäm grisdbamm woä jeds joä
ä gribbm aufbaud mid moos und sand
dä bethlehemschdern woä beleichd
vo emm elekdrischn glühbirnlä
wäi i nu ans grisdkindlä glabbd hou
houi mi ned ämall
durchs schlüsslluuch schbidzn drauä
sunsd kummd es grisdkindlä
houd mei oma gsachd
und bläisdä deine aung aus

Bernhard Windisch
Elias, der Bettler Max und das Christkind

Die Geschichte, die ich erzählen will, ist erfunden und könnte sich vor einem Jahr ereignet haben: in Nürnberg, das der Winter gewiß besser schmückt als der Sommer, wo einem die Hitze in den Gassen die Brust zuschnürt und der Blick auf die in der Sonne rotbraun leuchtenden, alt-imitierten Gemäuer etwas Bedrückendes hat. Jetzt aber trug die Stadt das richtige Gewand. Frostig erhoben sich die Türme der Lorenzkirche. Auf der Pegnitz schwammen Eisfladen, die die Strömung vom Ufer abgebrochen hatte. Auf den übriggebliebenen, mit ihren Zacken ins Wasser greifenden Stellen saßen Möwen und Enten, ihr Gefieder aufgeplustert. Die Tücher und Bretter waren von den Buden des Christkindlesmarktes vor der Frauenkirche fortgenommen worden, und die Menschenmenge drängte sich durch die schmalen Gänge. Über dem Markt erhob sich die Burg, weniger majestätisch als standhaft, von warmen Lichtern angestrahlt inmitten der Kälte, die den Atem der Leute sichtbar werden ließ, als würde jedermann rauchen. Wie immer um diese Zeit war die Stadt voll von Fremden, Touristen, die der Christkindlesmarkt hierher gelockt hatte.

An einem dieser vorweihnachtlichen Tage schlug der kleine Elias im Erdgeschoß einer Gostenhofer Wohnung die Augen auf und betrachtete, noch schlaftrunken, Striche an der Wand, die er mit einem Nagel hineingeritzt hatte und immer dann ergänzte, wenn er nicht schlafen konnte. Sie stellten nichts Festes dar, so daß er in ihnen immer etwas anderes, etwas Neues sah, einen wandernden, sich in Wellen fortbewegenden Berg, einen dicken vollgegessenen Bauch, Männer, die gegenseitig auf sich einschlugen, bis sie tot waren, oder den Weihnachtsmann mit einem großen, ausgebeulten Sack auf dem Rücken. Langsam wurde er munter und mit Schreck fiel ihm ein, daß ihn seine Mutter noch nicht geweckt und er womöglich schon den wichtigsten Teil des Tages versäumt hatte. Er warf sich schnell herum und stand auf. Wirklich, seine Mutter lag noch im Bett. Er überlegte, ob er zu ihr unter die Decke kriechen oder sich anziehen sollte. Von draußen, durch die Löcher im Rollo, dort wo die Fäden durchliefen, an denen es hochgezogen wurde, drang schon Licht ins Zimmer.

»Mama«, sagte er, »Mama, aufstehen!«

Er lüftete das Rollo, vorsichtig, denn seine Mutter befürchtete immer, er könne zu ungeschickt daran ziehen und das gefaltete Papier zerknittern oder zerreißen.

»Mama«, sagte er wieder, »Mama, wach auf!«

Er sammelte die verstreuten Kleidungsstücke vom Boden und zog sich an. Dann, als seine Mutter sich noch immer nicht rührte, ging er zu ihrem Bett.

»Mama«, sagte er und schaute auf den an manchen Stellen gezackten, dann wieder runden und buchtigen, feuchten Fleck, der den Kopf seiner Mutter auf dem Kissen umkränzte. »Willst du denn nicht aufstehen? Es ist bestimmt schon spät.«

»Ich kann nicht«, antwortete seine Mutter mit leiser Stimme. Sie klang wie sonst, wenn er sie geärgert, sie getobt, ihn geschlagen, schließlich geweint hatte und dann nur noch ein paar müde Vorwürfe über die Lippen brachte. Aber er hatte doch nichts angestellt; an ihm konnte es also nicht liegen, daß sie so müde war. Sie schloß die Augen gleich wieder. Umso besser, dachte er, ging in die winzige Küche und holte sich den Milchpack aus dem Zwischenraum des Doppelfensters.

Die Öffnung des Pappbehälters war ausgefranst und ganz weich. Als er trank, floß etwas Milch an seinen Mundwinkeln herunter und tropfte auf seinen Pullover. Er stellte die Schachtel wieder ins Doppelfenster, dann kehrte er zu seiner Mutter zurück. Sie lag ganz friedlich da, wie tot, dachte er, vielleicht ist sie tot, bestimmt, und ich kann einmal tun, was ich will. Ich brauche nicht mehr zurückzukommen, dachte er, erst in dreißig oder fünfzig Wochen, wenn ich Hunger habe. Inzwischen

Andreas Tschinkl, Goldrauschengel (1996)

werde ich groß und erwachsen, und sie kann nicht mehr mit mir schimpfen.

»Mama«, sagte er laut, »ich liebe dich!«

Ohne ihre Reaktion abzuwarten, spazierte er hinaus.

Als er aufwachte, stand ihm der Mund offen; seine Kehle war trocken und pelzig. Der Belag auf den Zähnen fühlte sich, fuhr er mit der Zunge darüber, rauh an wie eine Kruste. Doch sie am Abend zu putzen, brachte er nie über sich und am Morgen spülte er den ganzen schlechten Geschmack einfach mit einer Flasche Bier hinunter. Er hatte in seinen Kleidern geschlafen, wie gewöhnlich: Da brauchte er keine Decke. Der Mantel, das Hemd, die Hosen – er wechselte sie kaum noch. Dafür hätte ihm sein Aufzug einmal nicht gleichgültig sein müssen.

Er verließ den alten Wastl in Johannis und schleppte sich Richtung Altstadt. Er hatte viel Zeit. Nur das unangenehme Gefühl im Bauch – Hunger oder Durst? – wußte er nie genau zu bestimmen.

Max war fünfunddreißig oder vierzig, auch wenn er viel älter aussah. Er erhoffte sich vom Leben nichts mehr. Es gab für ihn nichts mehr zu tun. Ein Trost nur, daß man in seiner Schäbigkeit nicht alleine war.

In der Altstadt, am Hauptmarkt, kaufte er sich eine Flasche »Bauerntrunk«, zwei Liter für zwei Mark neunundfünfzig. Als er am Regal stand und darüber nachsann, welche Marke er nehmen sollte, obwohl das ganz unwichtig war, denn unter einem gewissen Eigengeschmack durchdrang alle der gleiche Fusel, als er trotzdem überlegte oder so tat, als würde er überlegen, denn es war warm und angenehm im Supermarkt, da stand plötzlich ein Typ an seiner Seite und bedeutete ihm, er solle sich endlich für eine Flasche entscheiden und verschwinden.

»Sie verscheuchen mir ja die Kundschaft«, fügte er leise, weniger zu Max als um sein Gewissen zu beruhigen, hinzu.

An der Kasse machte man ihm Platz. Er genoß dieses Privileg und bezahlte.

Die Buden auf dem Christkindlesmarkt waren noch verhüllt. Das Geschäft begann erst am Nachmittag. Da würde dann alles erstrahlen. Max interessierte das nicht mehr. Die Zeiten, wo ihn der Trubel traurig stimmte, wo er sich ausgestoßen fühlte, weil er nichts kaufen konnte von all diesem Plunder, waren längst vorbei.

Jetzt suchte er nach Resten von Würsten. Die Leute warfen die besten Dinge weg, als wüßten sie, daß es Menschen gab, denen sie damit – nun, nicht gerade das Leben retteten, aber immerhin eine kleine Freude bereiteten. Wenn man nichts geschenkt bekommt, muß man eben selber für sein Geschenk sorgen. Doch auf den Gängen zwischen den Buden fand sich diesmal nichts. Man hatte gründlich sauber gemacht. Entweder die Hunde oder die Straßenfeger, gleichviel. Unter die Planen zu schauen, wagte Max nicht. Man hätte ihn für einen Dieb halten können oder für einen Bombenleger. Es wäre nicht das erste Mal, daß jemand den Christkindlesmarkt in die Luft sprengen wollte. Wenn es ihm nicht so egal wäre, hätte er beinah Verständnis dafür.

Max schraubte den Verschluß der Flasche auf und trank. Der süßliche Geschmack des Weins lag bald wie eine Zuckerschicht auf seiner Zunge und ließ sich nicht mehr entfernen, obwohl er sie dauernd mit den Zähnen herunterzuschaben versuchte und den Belag ausspuckte. Die gewohnte Wärme breitete sich vom Bauch über den ganzen Körper aus. Und im Kopf kehrte mit der Dumpfheit die Leere ein. Jetzt sah der Christkindlesmarkt aus wie eine Staffage von Möbeln mit Schonern. Oder wie zugedeckte Gewächshäuser. Wie verpackte Elbkähne, die auf Eis aufgelaufen waren.

Max trottete über die Museumsbrücke zur U-Bahn-Station vor dem Kaufhaus »Karstadt«. Er überlegte, ob er auf der Königstraße bleiben oder seinen Posten in der Breiten Gasse beziehen sollte. Vertrieben würde er früher oder später von beiden Stellen. Er ließ sich an der

Ecke Königstraße/Karolinenstraße unter dem alten Chörlein nieder und packte seine Utensilien aus: eine Blechschachtel und ein Pappschild, auf dem etwas geschrieben stand, was man nicht mehr lesen konnte, da die Schrift verwischt und verblichen war. Aber darauf kam es auch nicht an. Die Leute wollten nichts Konkretes lesen. Das verärgerte sie nur. Wichtiger war die Blechschachtel. Wenn jemand eine Münze hineinwarf, klang es hell über den ganzen Platz, so daß nicht nur der Spender zufrieden weitergehen konnte, sondern auch die Aufmerksamkeit anderer Passanten erregt wurde.

Eine Weile schon sah Max wie durch einen Schleier ein Kind vor sich stehen. Es rührte sich nicht vom Fleck und durchbohrte ihn mit einem Blick aus großen, braunen Augen. Er versuchte, diesem Blick auszuweichen. Es beunruhigte ihn und störte ihn auf aus seiner Lethargie. Die Münzen waren nur spärlich in die Blechschachtel gefallen, die Leute vorbeigehastet, und einer hatte gesagt: »Sie sitzen herum und wollen auch noch Geld dafür!«

»Du bist doch der Weihnachtsmann«, sagte das Kind. Der Schnee hob sich schon deutlich ab von seinen schwarzen Haaren und der Jacke auf den kleinen Schultern.

»Und wer bist du?« fragte Max. Er wunderte sich selber, daß er nicht den Stock nahm und den Kleinen verscheuchte. Oder sollte er aufstehen und gehen, vor einem Kind davonlaufen?

»Ich bin Elias«, antwortete der Junge. »Zeig mir das Christkind.«

»Das Christkind?« wiederholte Max. »Hast du nicht eine Mama, die es dir zeigen kann?«

»Meine Mama ist tot«, sagte Elias. »Ich glaube, sie ist tot, aber nicht für immer. Zeigst du mir jetzt das Christkind?«

Max wußte nicht, was er tun sollte.

»Ich bin nicht der Weihnachtsmann«, sagte er.

»Doch, der bist du, nur daß dein Bart nicht aus Watte ist.«

Elias trat ein paar Schritte auf Max zu und schaute ihn sich noch einmal genau an. Dann nickte er bestimmend und wiederholte: »Doch, doch. Jetzt zeig mir das Christkind!«

Max fiel auf, daß das Kind ziemlich abgerissen aussah. Alte, verschlissene Kleider; nicht viel besser als seine eigenen. Und in seinem Gesicht war ein fiebriger Glanz, wie er sich manchmal zeigt, wenn man lange nichts gegessen hat oder friert.

»Hast du Hunger?« fragte er.

Elias schüttelte den Kopf.

»Ist dir kalt?« fragte Max.

»Oh, oh«, machte Elias.

»Du bist nicht von hier, was?« fragte Max weiter.

»Aus Portugal«, antwortete Elias, »aber jetzt komm.«

Max erhob sich schwerfällig. Die Knochen schmerzten ihn, ob er nun saß oder ging, und es wurde immer schlimmer. Manchmal konnte er sich nach einem kalten oder nassen Tag auf der Straße kaum noch bewegen. Trotzdem ging es jetzt leichter, als er vermutet hatte. Elias nahm ihn bei der Hand.

Sie tappten Hand in Hand die Königstraße hinunter. Elias' Augen leuchteten. Er war sehr glücklich, daß er den Weihnachtsmann gefunden hatte, und seit geraumer Zeit gingen die Lichter in den Straßen an; es wurden immer mehr, sie brachten die Flocken zum Glitzern. Nie mehr würde er die Hand loslassen, höchstens, um sich die Nase abzuwischen, aber sonst nie mehr, bis sie das Christkind gefunden hätten.

»Woher weißt du denn vom Christkind?« fragte ihn der Weihnachtsmann an seiner Hand.

»Das weiß ich eben«, antwortete Elias, »jedes Kind weiß das. Es ist mir vorhin wieder eingefallen. Und du weißt, wo wir es finden.«

»Ich weiß es nicht genau, aber ich könnte mir denken, daß es sich irgendwo auf dem Christkindlesmarkt herumtreibt«, erwiderte Max und wunderte sich über sich selbst.

Sie gingen über die Museumsbrücke. Dort begann schon das Gedränge.

»Die vielen Leute«, sagte Elias, »suchen sie auch alle das Christkind?«

Max antwortete nichts. Er wäre am liebsten wieder umgekehrt. Doch wurde er mehr von dem Jungen gezogen, als daß er ihn selber führte, und so ließ er es geschehen.

Niemand beachtete die beiden. Elias bemerkte, daß diejenigen, die nicht in die Richtung strömten, alle in die gleiche, alle zum Christkind, daß die, die nur dastanden, aßen. Und die wenigen, die ihnen entgegenkamen, aßen ebenfalls: Sie trugen eine Bratwurst in der Hand oder ein Stück Huhn, wenigstens aber einen Lebkuchen. Kinder waren dabei. Hatten sie das Christkind gesehen? Bestimmt. Das Christkind war es doch, das Brötchen und Würste und Lebkuchen verteilte. Elias hätte auch gern etwas gegessen. Bald würde er sich voll Kuchen stopfen können, Kuchen und Wurst und Bonbons und Bananen; das Christkind mußte genug davon haben, für alle Kinder der Welt, bestimmt.

Die Straße verengte sich. Die Menschen zwängten sich hindurch. Der Markt tat sich auf vor einem unbegrenzten Himmel. Und Licht gab es noch einmal so viel, Licht, das in Streifen über den Platz zog. Elias war, als müsse es dort etwas Wunderbares, etwas unheimlich Anziehendes zu sehen geben. Er wollte dorthin, wollte es sehen. Ihm wurde ganz heiß, er zog an der Hand seines Begleiters. Doch die Hand war nicht mehr da. Macht nichts. Ich finde ihn gleich wieder, dachte er, den Weihnachtsmann findet man immer wieder, er ist niemals ganz fort. Elias schlängelte sich durch die Leute, hin zum Licht, das ihn so sehr lockte. Doch statt daß es heller wurde, sah er nur noch Beine vor sich, Beine und Hinterteile und Bäuche. Und alle in Bewegung, in einem zähen, trampelnden Vorwärts. Sie ließen ihn nicht durch. Sie keilten ihn ein. Sie schoben ihn mit sich. Er sah nichts. Das Licht war fort. »Weihnachtsmann!« rief er in seiner

Angst, auch den könnte er nicht mehr wiederfinden.
»Weihnachtsmann!«

Plötzlich wurde ihm ein Plastikbeutel mit einem harten Gegenstand darin ins Gesicht gedrückt. Nun war es vollends dunkel um ihn herum und in der Dunkelheit breitete sich ein Schmerz aus. Er hatte Angst und die Angst schwoll an, so daß er sich auf die Knie sinken ließ und auf allen Vieren fortkrabbelte. Er fand ein Schlupfloch unter einer der Buden.

»Mama«, wimmerte er, »Mama, ich will dich nie wieder verlassen, nicht einmal, wenn du tot bist.«

Den ganzen Tag über hatte er nicht geweint, war mutig gewesen wie ein Erwachsener. Die vielen Straßen und Häuser, Menschen überall, er war einfach von zu Hause fort, hinter ihnen hergelaufen. In Fenster hatte er geschaut, hinter denen ein Baum stand, gerade so, als würden Bäume in den Zimmern wachsen. Die werden über und über mit Goldfäden behängt, hatte ihm ein Mädchen erklärt, mit dem Haar vom Christkind. Und Kugeln kommen auch noch dran und Schokoladenkringel. Und wenn das Christkind dann dagewesen ist, liegen lauter Geschenke unter dem Weihnachtsbaum. Ich bekomme dieses Jahr eine Skiausrüstung von ... Du bist aber dumm, daß du das alles nicht weißt.

Selber, hatte Elias ihr geantwortet und war weggerannt. Das Mädchen rief ihm »Türke« hinterher, dabei war er gar kein Türke. Wieder war er Leuten nachgelaufen, bis etwas Interessantes ihn anhalten ließ, eine fahrende Eisenbahn in einem Schaufenster oder ein Stoffaffe, der sich auf einer Schaukel überschlug. Was war das für eine Stadt! Dort, woher er mit seiner Mutter gekommen war, gab es nur eine Straße und links und rechts davon ein paar niedrige Häuser. Hier ragten sie weit in den Himmel, standen ganz dicht beieinander, als würden sie miteinander flüstern. Die Straßen breit und voller bunter Autos. Darüber vergaß er seinen Hunger und auch, daß ihn manchmal fror. Sogar das Christkind vergaß er beinahe, doch fiel es ihm glücklicherweise immer wieder ein. Es hatte ja goldenes Haar und so viel davon, daß man es über die vielen Zweige der Bäume breiten konnte. Elias kannte nur den Weihnachtsmann. Der Weihnachtsmann war immer der Herr Pascoes. Vom Christkind wurde zwar auch gesprochen, aber wie von einer Cousine im Ausland. Es erschien nie; bestimmt, weil es hier in Nürnberg so viel zu tun gab.

Dann hatte Elias plötzlich vor dem auf der Straße sitzenden Mann gestanden, der wie der Herr Pascoes aussah. Und jetzt hockte er selber auf der Erde, zwischen den Querverstrebungen und Planen einer der Weihnachtsbuden. Zurückzukehren in das Gedränge, wagte er nicht, obgleich sich der Hunger wieder bemerkbar machte und es kalt war und naß.

Er fühlte sich verlassen und einsam. Er war so allein, daß er es kaum aushielt, und doch konnte er nicht mehr tun, als die Knie fester an seine Brust ziehen und so bewegungslos verharren. Ab und an sprach er leise den Namen von Herrn Pascoes aus und rief seine Mama und das Christkind, doch glaubte er selbst nicht, daß sie ihn hören würden. Dann vernahm er plötzlich eine Stimme.

»Ich denke, du wolltest das Christkind sehen. Es wartet auf dich. Gib mir deine Hand.«

Elias kroch aus dem Verschlag hervor. Aber da waren ja gar nicht mehr die vielen Menschen, und der Platz hatte sich völlig verändert. Verschwunden die Buden und die Fluchtbahnen der Lichter. Der Platz war leer und weiß, weiß von Schnee, der vom Himmel unablässig herniederrieselte. Doch beinah hätte er es übersehen. Ein Licht gab es noch, es kam aus einer Kirche, deren Tore weit geöffnet waren.

Elias zögerte, dann begann er zu laufen. Sein Herz schlug in seinem Kopf. Er rannte in den Atem hinein, den er wie eine dampfende Lokomotive ausstieß.

»Warte! Warte!« rief hinter ihm der Weihnachtsmann, doch seine Füße liefen wie von allein. Staunend betrat er die Kirche, staunend und benommen. Wie viel schöner war das doch als der Markt mit seinem Treiben.

»Komm her zu mir, Elias, komm herauf! Zum Christbaum, es ist Weihnacht!« sagte leise eine klare, feine Stimme. Er hob den Kopf und sah auf der Orgelempore ein Mädchen stehen, ganz in Weiß war es gekleidet, und dichtes, goldenes Haar umrahmte sein Gesicht, floß über die Schultern und schwang sich über die Zweige des Weihnachtsbaumes. »Aber du bist ja das Mädchen, das mich heute einen Türken genannt hat!« wollte Elias sagen, aber das Mädchen kam ihm zuvor:

»Nun komm schon! Worauf wartest du? Du bist nicht allein. Wir feiern ein Weihnachtsfest mit all den Kindern, für die es keinen Christbaum gibt. Deine Mama ist auch hier.«

Und wirklich trat die Mutter von Elias an den Rand der Empore, beugte sich leicht über die Brüstung. Sie winkte ihm; sonderbar nur, daß sie nichts sagte und doch schien sie es zu tun, denn sie bewegte die Lippen. Dann ließ sie, als wolle sie das Winken auspendeln lassen, den Arm über die Brüstung hängen. Oder reichte sie ihm den Arm, um ihn zu sich emporzuziehen? Elias streckte ihr seine Hand entgegen, stellte sich auf die Zehenspitzen und beinah – was für ein Wunder – beinah konnte er ihre Finger berühren.

»Mama!« rief er. »Mama!«

»Ja«, sagte das Mädchen. Seine Stimme klang hell wie ein Glöckchen.

»Gleich hast du es geschafft. Gleich bist du bei uns. Wir warten auf dich.«

Doch im selben Augenblick wurde er zurückgerissen. Er schrie. Er wehrte sich mit all seiner Kraft, es war zwecklos. Er sah noch, wie seine Mutter den Arm zurückzog, sich aufrichtete und dann starr stehenblieb, während Kinder, nein Engel, an ihren Kleidern und Gliedmaßen zerrten und das Christkind traurig lächelnd das goldene Haar vom Kopfe streifte wie eine Perücke.

Max trug das im Fieber phantasierende Kind auf seinen Armen. Er wußte nicht recht, wohin mit ihm. Nur weg von den Leuten, dachte er. Ich werde es nach Hause tragen, sagte er leise vor sich hin, ich werde es nach Hause tragen und gesund pflegen, nach Hause, wiederholte er immer wieder, nach Hause, nach Hause ...

Ingo Cesaro
Heilig Abend Nachmittag

das Wetter
wie im April
oben kreist lautlos
ein Segelflieger
noch drei Stunden
bis zur Bescherung

heute schauen wir
öfter
zum Himmel
warten auf Schnee oder
aufs Christkind

der Segelflieger
wundert sich
will gar nicht landen
bei so viel Beachtung.

Max von der Grün
Fahrtunterbrechung

Nun stehe ich wieder auf dem Bahnsteig und warte auf den Zug, und überlege, warum ich meine Fahrt drei Stunden unterbrochen habe.
   Ich weiß es nicht.
   Kurz entschlossen war ich ausgestiegen, bevor der Zug zur Weiterfahrt anruckte. Ich war auf mich selbst wütend, als ich allein auf dem Bahnsteig stand, der kalte Wind mir durch die Haare fegte und ein Gepäckträger,

den ich nicht gerufen hatte, mir meinen kleinen Koffer aus der Hand nehmen wollte; es gab für mich keinen Grund, warum ich in dieser Kleinstadt meine Fahrt unterbrach, in die sich ein Schnellzug nur verirrt, weil er auf den Schienen bleiben muß.

Ich muß wohl sehr ratlos ausgesehen haben, sonst hätte mich der Fahrdienstleiter nicht gefragt, ob mir was fehle. Es war ein trüber Tag, kalt, und doch roch es, wie man so sagt, nach Schnee. Die Straße, die ich vom Bahnsteig aus einsehen konnte, war weihnachtlich erleuchtet, bunte Glühbirnen waren auf Drähten über die Straße gezogen, vor einem Geschäft stand ein beleuchteter Weihnachtsbaum. Vor zwanzig Jahren war ich zum letztenmal in dieser Stadt, von hier holte mich der Staat zum Militär, steckte mich in eine Uniform, die man das Kleid der Ehre nannte. In Kriegsgefangenschaft, hinter Stacheldraht, wuchs dann die Sehnsucht nach dieser Stadt. Seit zwanzig Jahren – so lange ist das schon her – fuhr ich immer nur durch, meist blickte ich nicht einmal von meinem Buch oder meiner Zeitung hoch, wenn er auf dieser Station hielt.

Warum bin ich ausgerechnet heute ausgestiegen?

Das Bahnhofsgebäude leuchtete rot – ich hatte es gelb in Erinnerung – mit dem eigenartigen Rauhputz an der Hauptfassade, der zu den Häusern dieser Landschaft gehört. Der Bahnhofsvorplatz lag verlassen. Gegenüber, vor der Post, standen zwei etwa drei Meter hohe Weihnachtsbäume. Die elektrischen Birnen darauf brannten nicht. Auch die Asphaltdecke auf dem Vorplatz war neu für mich, früher war da holpriges Kopfsteinpflaster. Jedenfalls in meiner Erinnerung. Langsam schlenderte ich durch die Straßen, es war kalt, mein Mantel war für diese Kälte zu leicht. Auch hier gab es neue Geschäfte, neue Straßen, neue Häuser, frisch getünchte und farbenfrohe Häuserfronten. Auch hier gab es mehr Autos, die Häuser waren höher geworden, wo ich ein altes Fachwerkhaus vermutete, stand ein Neubau. Von den beiden Türmen der berühmten Kloster- und Barockkirche leuchteten wie eh und je die Patinadächer.

Ich ging in die Kirche. Jeder, der in diese Stadt kommt, geht hinein, und ich glaubte früher als Kind, jeder kommt nur in die Stadt, um in diese Kirche gehen zu können.

Es war angenehm warm in der Kirche. Vor dem Altar standen zwei große Weihnachtsbäume, auch darauf elektrische Birnen. Sie brannten. Als ich die Tür wieder öffnen wollte, sah ich das Schild und erschrak etwas. Es war, wie vor zwanzig Jahren, die freundliche Aufforderung: Besucher, wandere nicht mit den Händen auf dem Rücken durch das Gotteshaus.

Als Schüler verstanden wir die Aufforderung nicht, und wir wanderten in der Woche zwei- bis dreimal nach dem Unterricht durch die Kirche, mit auf dem Rücken verschränkten Armen, in ängstlicher Erwartung, denn es war für uns doch gewiß, daß etwas passieren mußte, weil wir der freundlichen Aufforderung nicht nachkamen. Aber es passierte nie etwas; wir waren dem lieben Gott nur manchmal etwas böse, daß er sich unsere Unbotmäßigkeit regelmäßig und über viele Jahre hinweg gefallen ließ.

Heute verstand ich die freundliche Aufforderung noch weniger als damals, ich wunderte mich nur ein wenig, wie beharrlich sich freundliche Aufforderungen über Kriege und Zerstörungen hinweg halten können. War es Gedankenlosigkeit oder Absicht?

Draußen rannte der kalte Wind gegen mich an, mein leichter Mantel blähte sich auf. Ich fror, auch meine Schuhe waren zu leicht für dieses Wetter. Ich hörte die Menschen sprechen, diesen schrecklichen Dialekt, mit dem ich aufgewachsen war und den wir in der Schule zur Erlernung der hochdeutschen Sprache zu unterdrücken hatten. Das war für uns Jungen ein nie endender Kampf, und Sieger blieb, standen wir nach Schulschluß auf der Straße, der Dialekt.

Oh, dieser gutturale Dialekt, den kaum einer verstand, der nicht aus dieser Stadt stammte.

Vielleicht war es die für Fremde kaum verständliche Sprache, die mich veranlaßt hatte, plötzlich auszusteigen und jetzt ziellos herumzulaufen. Jetzt fand ich die Mundart scheußlich, ja ordinär. Wohl verstand ich noch jedes Wort, aber als ich durch den heute wie damals peinlich sauberen Park ging und mich unbeobachtet fühlte, versuchte ich, ob ich noch so sprechen konnte wie die Menschen dieser Stadt. Ich stammelte wie ein Betrunkener vor mich hin. Ich war wütend, es gelang mir kein Wort.

Diese kindischen Versuche sollte man lassen. Und doch bot ich nicht die Tageszeit, sondern sagte Grüß Gott, als ich in ein verschlafenes Café trat und eine Tasse Tee bestellte. Es war dasselbe Café, in dem wir früher nach der Schule unsere Hausaufgaben schrieben und erste Blicke mit den Mädchen wechselten.

Du wirst sentimental, sagte ich mir, geh weiter, es liegt vielleicht daran, daß morgen der Heilige Abend ist, liegt vielleicht an der festlichen Beleuchtung der Stadt, am kalten Wind, am Geruch nach Schnee.

Erst hatte ich geglaubt, als ich vom Bahnhof stadteinwärts ging, man müßte mich erkennen. Ich sah den Leuten fest in die Augen, als wollte ich fragen: Kennt ihr mich noch? Bald gab ich es auf, und es war an mir, die Menschen aufmerksam zu mustern, ob vielleicht ein Bekannter mir begegnete. So sehr ich auch in den Gesichtern forschte, ich erkannte keinen – und mich erkannte keiner.

Ich war einfach ein Fremder unter Fremden. Es tat mir nicht weh, und doch war ich ein wenig verwundert. Viele Straßen trugen nun andere Namen, der Adolf-Hitler-Platz hieß nun Theodor-Heuss-Platz, die Schillerstraße hieß noch so und auch die Bismarckallee, die schmale Gasse aber, in der ein Schulfreund nach dem Krieg ein Elektrogeschäft eröffnet hatte, fand ich schnell. Durch die Scheiben grinsten mich unbekleidete Schaufensterpuppen an. Ich wunderte mich, denn es war nicht üblich, kurz vor dem Fest noch einmal umzudekorieren. Den Namen meines Schulfreundes fand ich später auch im Telefonbuch nicht wieder. Er war nicht mehr in der Stadt.

Wenig später betrat ich eine Telefonzelle und wählte die Nummer eines anderen Schulfreundes, der Zahnarzt geworden war. Eine fette Stimme meldete sich, ich tat so, als hätte ich seinen Namen nicht verstanden, und fragte noch einmal, wer dort sei: Hier Möller! Nun klang seine Stimme ungeduldig, aber immer noch fett. Ich sagte: Verzeihung, ich habe mich verwählt. Wortloses Knurren war die Antwort, bevor ich einhängte.

Kurz vor ein Uhr ging ich essen. Erst als ich im Lokal saß, merkte ich, es war derselbe Raum, in dem ich meine Frau kennengelernt hatte.

Die Karte, der Herr? Darf ich dem Herrn etwas empfehlen? Ich sah auf. Mein Gott, war hier die Zeit stehengeblieben? Es war Gustav. Gustav, der uns damals bei unserer heimlichen Verlobung Kalbsherz empfohlen hatte. Ich bestellte Kalbsherz.

Sehr wohl der Herr, ganz frisch, wie früher nur frische Waren. Gustav wedelte mit der Serviette über das Tischtuch und verschwand in knarrenden Schuhen, damals knarrten seine Schuhe auch, und seine leicht rötliche Glatze leuchtete wie ein Faschingslampion, wie damals, und er war noch immer dürr und lang, wie damals, er sprach hastig und unbeteiligt, und wenn er einem Gast etwas empfahl, sah er aus dem Fenster, wie damals. Hinter der Scheibengardine am Fenster zur Straße war eine Fliege. Wie kommt um diese Zeit eine Fliege ans Fenster, dachte ich.

Das Kalbsherz war sehr zart, gut gewürzt, erstklassig, wie man so sagt, und es war billig. Ich wunderte mich, wie die Leute hier mit diesen Preisen zurechtkamen.

Wieder auf der Straße, wurde mir klar, daß trotz aller Neuerungen an Häusern und Straßen, Bekleidung und Kinderwagen, Fabriken und Geschäften die Zeit stehengeblieben war – es hatte keinen Krieg gegeben, keine Zerstörung, der Krieg war nur als Hauch über die Stadt gezogen. Der Dialekt mit den in Nachbarstädten schon unverständlichen Idiomen, das Grüß Gott und der Plausch auf der Straße gehörten zu einer Stadt, wie sie vor zwanzig Jahren schon war, vielleicht schon vor zweihundert. Vielleicht war sie immer so.

Ich war froh und enttäuscht. Was hatte ich nur erwartet? Warum bin ich ausgestiegen, warum hatte ich meine Fahrt unterbrochen? Wegen der alten Frau, die mir im Zug gegenübersaß und mir über fünfzig Kilometer hinweg erzählte, wie sie vom Leben vernachlässigt worden war? Gewiß nicht, an solche räsonnierenden Offenheiten war ich gewöhnt, ich hörte einfach nicht hin, ich setzte immer meine Maske auf, Anteilnahme oder Lächeln. Nein, die alte Frau war es nicht. Ich war in den letzten Jahren mehrmals durch diese Stadt gefahren, und ich war nicht ausgestiegen, ich hatte nicht einmal von meinem Buch oder von meiner Zeitung aufgesehen, wenn der Zug für drei Minuten hielt. Warum heute, in dieser Kälte, bei diesem eisigen Wind, der nach Schnee roch. Ich steige aus und laufe durch eine vertraute fremde Stadt, in der ich zwar geboren wurde und zur Schule ging, die mich aber unbeteiligt läßt, wie etwas Fremdes.

Dann überkam mich die Langeweile, denn in den drei Stunden hatte ich alles gesehen, war durch einige Straßen mehrmals gelaufen, hatte mich unauffällig zu diskutierenden Gruppen gestellt, um ihre Sprache wieder zu hören. Mich erkannte keiner, ich wurde von keinem erkannt. Das war gut so.

Was wollte ich? Hatte ich Triumphbögen erwartet, ausgebreitete Arme? Vieles war vertraut wie etwa das Café, das Kalbsherz und das eingesüßte Bier – und die freundliche Aufforderung am Portal der Barockkirche, nicht mit verschränkten Händen auf dem Rücken durch das Gotteshaus zu gehen; aber Stadt und Menschen waren mir fremd.

Und doch war ich drei Stunden durch eine fremde Stadt gewandert, die ich kannte, jeden Baum, jedes Haus, jede Straße, jeden Winkel. Mit dem Nachmittags-D-Zug fuhr ich weiter. Ich bereute den Aufenthalt nicht, konnte mich aber auch nicht darüber freuen, ich hatte drei Stunden verloren, ich hatte gut gegessen und den Schnee gerochen.

Meine Frau lag schon im Bett, als ich zu Hause ankam. Das Wohnzimmer war verschlossen, sie hatte den Baum geputzt, wie jedes Jahr, einen Tag vor dem Heiligen Abend, damit an diesem Tag die Hetzerei nicht allzu groß würde.

Du kommst spät, sagte sie. War etwas los?

Nein, warum soll etwas los sein? Es war wie immer.

Dann ist es ja gut, sagte sie.

Willy R. Reichert
In dieser Nacht

In dieser Nacht geht alle Hast zu Ende.
Des Lebens Drängen wird ganz leis und sacht.
Als wenn heut eine neue Welt entstände,
so hat sich jedes Ding bereit gemacht.

Die Nacht ist still und wartet auf die Wende.
Der bange Tag ließ nur die Dunkelheit.
Die Welt ist kalt. Daß Liebe sie empfände,
Mach du dich Herz, mach du dich Mensch bereit.

Die Nacht ist groß. Es leuchten tausend Brände.
Der Riegel fällt. Das Tor ist hoch und weit.
Wenn du es willst, stehst du mit mir am Ende
und am Beginn der ganzen Ewigkeit.

Friedrich Schnack
Weihnacht der Bäume

Ein paar Tage vor Weihnachten, der Schnee war hart gefroren und knirschte unter dem Schritt, ging Sebastian mit der Axt in den Wald. Er suchte sich im verschneiten Unterholz eine kleine Weihnachtsfichte und trug sie nach Hause.

Am Heiligen Abend bedachte er die Fütterung mit Heu und Kastanien. Urle hatte eigens von der Burg einen Scheffel Futter für die frierenden Rehe herunterbringen lassen, auch für sie sollte Weihnachten im Wald sein. Unter den Bäumen war es feierlich wie in einem Kirchenschiff. Die Fichten standen im Silberdunst, starre Wächter der Winterverwunschenheit, angetan mit dem Schneehermelin. Die Birken schliefen in Frostträumen. Ihre weißen Stämme verlöschten im Winterlicht. Auf dem Schneeteppich waren, geheimnisvolle Waldzeichen und Wildnisrunen, die Spuren von Dohlen und Krähen eingesät.

Sebastian las die Winterschrift der Vögel, auch die der winzigen Tannenmeisen mit den zarten, traurigen Einsamkeitstönen: Sie hatten Hunger.

Er ging heim, fegte den Schnee von der Schwelle weg und streute Futter aus; Futterringe hängte er an eine frei stehende Stange mit Sprossen. Sie kamen alle, die kleinen Waldvögel.

Und nachmittags hatte wohl einer von Urles liebsten Geistern in der Schlafstube geweilt. Auf Sebastians Bett erglitzerte ein goldenes Engelshaar. Und da, er entdeckte auch den zarten Eindruck einer Feenhand auf seinem Kopfkissen. Harzduft schwebte seelenleicht durch die Stube. Waldhauch abenteuerte in der Luft des Waldhauses.

Sebastian durfte jetzt nicht mehr in die Wohnstube, wo Urle den Baum schmückte und Joko in Beifallsrufe ausbrach. Von Erwartungsfieber angesteckt, lief er unruhig in der Schlafstube auf und ab, wanderte in die Küche, von da in die Diele und zurück in erregtem Rundgang. Urle hörte ihn und lachte leis.

Er hatte beinahe Lust, Flöte zu spielen, so sehr war seine Seele von Bubenerinnerungen erfüllt. O lang nicht erlebter Weihnachtsabend! Vor diesem Kindheitslicht mochten alle Wunderblumen Brasiliens verblassen. Urles liebe Hände zierten das Fichtenbäumchen, streuten silbernen Schnee auf die Zweige und bereicherten mit goldenen Früchten das Nadelgeäst.

Mit solcher Vorstellung empfand er wieder die Unschuld und Schönheit der Heimat, die ihre Schneerose durch die Eiseskruste des Winters trieb, an sein innig geöffnetes Herz.

Es wurde Abend. Er war noch einmal im stillen, tiefen Wald. Die Langeweile hatte ihn hinausgetrieben. Dichte Krähenscharen fielen in die kalten Schlafbäume. Als er heimkam, öffnete Urle die Tür zur Wohnstube und führte ihn hinein. Der Weihnachtsbaum flammte und schwebte in Glorie; Nüsse und rotwangige Äpfel schimmerten; die goldenen und silbernen Fluten des Engelshaars entquollen dem Stern oben auf der Baumspitze und flossen funkelnd hinab über die Äste; Glasschmuck glänzte; Schneeflöckchen blinkten; auf den Tellern lagen gehäuft goldgelbe Butterplätzchen, braune Zimtsterne, knusprige Nußbrezeln und Nürnberger Lebkuchen. Sie hatten einander liebevoll beschenkt: mit kleinen Gaben nach Vermögen, mit Wäsche, Hausbedarf, einem Bild, einem Lampenschirm. Sebastian hatte für sein letztes brasilianisches Geld einen Kinderwagen gekauft, zu Urles Entzücken. Sie fühlten sich glücklich.

Der Vater hatte einen schweren Weihnachtsschinken gesandt. Sebastian machte Miene, ihn sofort anzuschneiden, um wenigstens eine Probescheibe zu kosten. Aber Urle nahm ihn unter ihren Schutz. Eine geräucherte Blutwurst jedoch, schwarz und würzig, legte sie ihm auf den Teller. Der Lehrer hatte ihm ein Päckchen Tabak für die Pfeife geschickt.

Er öffnete das Fenster, stieß den Laden auf, schloß wieder und deutete hinaus in die Nacht. Draußen, hinter dem Wildgatter, wuchs ein Schneebaum, eine Silbertanne. Sebastian hatte sie über und über mit Weihnachtskerzen besteckt. Die Lichter brannten und leuchteten märchenhaft im Winterwald. Der Schein überglitzerte den Schneeflor, magische Helle überhuschte die Stämme und durchzitterte die fahle Finsternis mit diamantenem Sprühen.

Urle sagte kein Wort: Wie schön leuchtete der Baum im Schneewald! Ihre Augen glänzten freudig. Sie schmiegte sich an ihren Mann und sah mit ihm hinaus in den einsamen Kerzenglanz. Die Waldlichter brannten und flackerten in der windlosen Luft.

Es sei der Weihnachtsbaum der Waldtiere, flüsterte Urle. Für Rehe und Hasen sei er angezündet, auch für die Eichhörnchen und die Krähen. Die kleinen Meisen sollten sich an seinem Flackerschein erwärmen. Gewiß bestaunten ihn die eingemummelten Waldgeister aus glasigen Eisaugen. Über ihn freuten sich die Baumheiligen, die, geborgen in den Eichen- und Buchenstämmen wie in Schlummernischen, aus ihrem Winterschlaf erwachten. Zu jedem Wald gehörten ja fromme Wesenheiten, so wie er auch böse Mächte beherberge. Die heiligen Hüter, von denen man nichts Genaues wüßte, seien dazu ausersehen, durch ihre reine Stärke und Gottesgläubigkeit die Geister und Gespenster in Bann zu halten, die Wurzelhexen, die Pilzzwerge und Steinkobolde.

Sebastian lauschte ihr und ihrem märchentrunkenen Volksmund. In Brasilien, dachte er, müsse es demnach in den Urwäldern große Heilige geben, da es dort von Wurzelteufeln, Sumpfdämonen und Dornengeistern nur so wimmele. Und doch seien die Unholde mächtiger als die Guten. Man hätte da seine Last.

Die feierlichen Waldlichter schmolzen herab, schon erlosch das erste. Ein zweites duckte sich vor Dunkel und Winterkälte, angstvoll entfloh seine Lichtseele. Auf den Schwingen der Nacht entschwand wieder eines in das Grenzenlose, alle gingen langsam ein in die Ewigkeit des unauslöschlichen Lichtes. Der Tannenbaum verlor seinen

Zauber, er tauchte wieder unter in die Gemeinschaft der namenlosen Waldbäume, in die starre Bruderschaft; der Schnee seines Gezweigs hing tot und fahl, Frost nistete wieder mit dem Eisschnabel in seinem Geäst. Kein Diamantenfünkchen, entsplitternd dem Winterkristall, sprühte noch im Wald. Aber die Sterne leuchteten am Himmel, der ewige Lichtschmuck der Welt.

Sebastian schloß den Laden, und sie kehrten zurück zu ihrer Stube, wo die Weihnachtskerzen schon verlöschen wollten. Sie hatten über dem Baum draußen im Wald das Bäumchen in der Stube vergessen. Glockenschall aus fernen Dörfern drang nach einer Weile zu ihnen durch die Nachtstille. Die Christmetten in den Dorfkirchen um Mitternacht wurden eingeläutet. Jetzt hallte auch die Klosterglocke herüber unter dem starren Winterhimmel und rief sie. Sie machten sich auf. Sebastian trug die Laterne, die er sonst abends in den Wald mitzunehmen pflegte. Langsam stapften sie am Wildzaun entlang; die Bäume wölbten ihre schweren Schneedächer über sie. Nichts rührte sich. Heilig war das Eis, heilig war der Schnee, heilig die Nacht.

E.T.A. Hoffmann
Bescherung

Am vierundzwanzigsten Dezember durften die Kinder des Medizinalrats Stahlbaum den ganzen Tag über durchaus nicht in die Mittelstube hinein, viel weniger in das daranstoßende Prunkzimmer. In einem Winkel des Hinterstübchens zusammengekauert, saßen Fritz und Marie, die tiefe Abenddämmerung war eingebrochen, und es wurde ihnen recht schaurig zumute, als man, wie es gewöhnlich an dem Tage geschah, kein Licht hereinbrachte. Fritz entdeckte ganz insgeheim wispernd der jüngern Schwester (sie war eben erst sieben Jahre alt worden), wie er schon seit frühmorgens es habe in den verschlossenen Stuben rauschen und rasseln und leise pochen hören. Auch sei nicht längst ein kleiner dunkler Mann mit einem großen Kasten unter dem Arm über den Flur geschlichen, er wisse aber wohl, daß es niemand anders gewesen als Pate Droßelmeier. Da schlug Marie die kleinen Händchen vor Freude zusammen und rief: »Ach, was wird nur Pate Droßelmeier für uns Schönes gemacht haben.« Der Obergerichtsrat Droßelmeier war gar kein hübscher Mann, nur klein und mager, hatte viele Runzeln im Gesicht, statt des rechten Auges ein großes schwarzes Pflaster und auch gar keine Haare, weshalb er eine sehr schöne weiße Perücke trug, die war aber von Glas und ein künstliches Stück Arbeit. Überhaupt war der Pate selbst auch ein sehr künstlicher Mann, der sich sogar auf Uhren verstand und selbst welche machen konnte. Wenn daher eine von den schönen Uhren in Stahlbaums Hause krank war und nicht singen konnte, dann kam Pate Droßelmeier, nahm die Glasperücke ab, zog sein gelbes Röckchen aus, band eine blaue Schürze um und stach mit spitzigen Instrumenten in die Uhr hinein, so daß es der kleinen Marie ordentlich wehe tat, aber es verursachte der Uhr gar keinen Schaden, sondern sie wurde vielmehr wieder lebendig und fing gleich an, recht lustig zu schnurren, zu schlagen und zu singen, worüber denn alles große Freude hatte. Immer trug er, wenn er kam, was Hübsches für die Kinder in der Tasche, bald ein Männlein, das die Augen verdrehte und Komplimente machte, welches komisch anzusehen war, bald eine Dose, aus der ein Vögelchen heraushüpfte, bald was anderes. Aber zu Weihnachten, da hatte er immer ein schönes künstliches Werk verfertigt, das ihm viel Mühe gekostet, weshalb es auch, nachdem es einbeschert worden, sehr sorglich von den Eltern aufbewahrt wurde. – »Ach, was wird nur Pate Droßelmeier für uns Schönes gemacht haben«, rief nun Marie; Fritz meinte aber, es könne wohl diesmal nichts anders sein, als eine Festung, in der allerlei sehr hübsche Soldaten auf- und abmarschierten und exerzierten, und dann müßten andere Soldaten kommen, die in die Festung hineinwollten, aber nun schössen die Soldaten von innen tapfer heraus mit Kanonen, daß es tüchtig brauste und knallte. »Nein, nein«, unterbrach Marie den Fritz, »Pate Droßelmeier hat mir von einem schönen Garten erzählt, darin ist ein großer See, auf dem schwimmen sehr herrliche Schwäne mit goldnen Halsbändern herum und singen die hübschesten Lieder. Dann kommt ein kleines Mädchen aus dem Garten an den See und lockt die Schwäne heran und füttert sie mit süßem Marzipan.« »Schwäne fressen keinen Marzipan«, fiel Fritz etwas rauh ein, »und einen ganzen Garten kann Pate Droßelmeier auch nicht machen. Eigentlich haben wir wenig von seinen Spielsachen; es wird uns ja alles gleich wieder weggenommen, da ist mir denn doch das viel lieber, was uns Papa und Mama einbescheren, wir behalten es fein und können damit machen, was wir wollen.« Nun rieten die Kinder hin und her, was es wohl diesmal wieder geben könne. Marie meinte, daß Mamsell Trutchen (ihre große Puppe) sich sehr verändere, denn ungeschickter als jemals, fiele sie jeden Augenblick auf den Fußboden, welches ohne garstige Zeichen im Gesicht nicht abginge, und dann sei an Reinlichkeit in der Kleidung gar nicht mehr zu denken. Alles tüchtige Ausschelten helfe nichts. Auch habe Mama gelächelt, als sie sich über Gretchens kleinen Sonnenschirm so gefreut. Fritz versicherte dagegen, ein tüchtiger Fuchs fehle seinem Marstall durchaus, sowie seinen Truppen gänzlich an Kavallerie, das sei dem Papa recht gut bekannt. – So wußten die Kinder wohl, daß die Eltern ihnen allerlei schöne Gaben eingekauft hatten, die sie nun aufstellten, es war ihnen aber auch gewiß, daß dabei der liebe Heilige Christ mit gar freundlichen frommen Kindesaugen hineinleuchte, und daß, wie von segensreicher Hand berührt, jede Weihnachtsgabe herrliche Lust bereite wie keine andere. Daran erinnerte die Kinder, die immerfort von den zu erwartenden Geschenken wisperten, ihre ältere Schwester Luise, hinzufügend, daß es nun aber auch der Heilige Christ sei, der durch die Hand der lieben Eltern den Kindern immer das beschere, was ihnen wahre Freude und Lust bereiten könne, das wisse er viel besser als die Kinder selbst, die müßten daher nicht allerlei wünschen und hoffen, sondern still und fromm erwarten, was ihnen beschert worden. Die kleine Marie wurde ganz nachdenklich, aber Fritz murmelte vor sich hin: »Einen Fuchs und Husaren hätt' ich nun einmal gern.«

Es war ganz finster geworden. Fritz und Marie, fest aneinandergerückt, wagten kein Wort mehr zu reden, es war ihnen, als rausche es mit linden Flügeln um sie her und als ließe sich eine ganz ferne, aber sehr herrliche Musik vernehmen. Ein heller Schein streifte an der Wand hin, da wußten die Kinder, daß nun das Christkind auf glänzenden Wolken fortgeflogen zu andern glücklichen Kindern. In dem Augenblick ging es mit silberhellem Ton: Klingling, klingling, die Türen sprangen auf, und solch ein Glanz strahlte aus dem großen Zimmer hinein, daß die Kinder mit lautem Ausruf: »Ach! Ach!« wie erstarrt auf der Schwelle stehen blieben. Aber Papa und Mama traten in die Türe, faßten die Kinder bei der Hand und sprachen: »Kommt doch nur, kommt doch nur, ihr lieben Kinder, und seht, was euch der Heilige Christ beschert hat.«

Die Gaben

Ich wende mich an dich selbst, sehr geneigter Leser oder Zuhörer Fritz – Theodor – Ernst – oder wie du sonst heißen magst, und bitte dich, daß du dir deinen letzten, mit schönen bunten Gaben reicht geschmückten Weihnachtstisch recht lebhaft vor Augen bringen mögest, dann wirst du es dir wohl auch denken können, wie die Kinder mit glänzenden Augen ganz verstummt stehen blieben, wie erst nach einer Weile Marie mit einem tiefen Seufzer rief: »Ach, wie schön – ach, wie schön«, und Fritz einige Luftsprünge versuchte, die ihm überaus wohl gerieten. Aber die Kinder mußten auch das ganze Jahr über besonders artig und fromm gewesen sein, denn nie war ihnen so viel Schönes, Herrliches einbeschert worden, als dieses Mal. Der große Tannenbaum in der Mitte trug viele goldne und silberne Äpfel, und wie Knospen und Blüten keimten Zuckermandeln und bunte Bonbons und was es sonst noch für schönes Naschwerk gibt, aus allen Ästen. Als das Schönste an dem Wunderbaum mußte aber wohl gerühmt werden, daß in seinen dunklen Zweigen hundert kleine Lichter wie Sternlein funkelten und er selbst, in sich hinein- und herausleuchtend, die Kinder freundlich einlud, seine Blüten und Früchte zu pflücken. Um den Baum umher glänzte alles sehr bunt und herrlich – was es da alles für schöne Sachen gab – ja, wer das zu beschreiben vermöchte! Marie erblickte die zierlichsten Puppen, allerlei saubere kleine Gerätschaften, und was vor allem schön anzusehen war, ein seidenes Kleidchen, mit bunten Bändern zierlich geschmückt, hing an einem Gestell so der kleinen Marie vor Augen, daß sie es von allen Seiten betrachten konnte, und das tat sie denn auch, indem sie ein Mal über das andere ausrief: »Ach, das schöne, ach, das liebe – liebe Kleidchen; und das werde ich – ganz gewiß – das werde ich wirklich anziehen dürfen!« – Fritz hatte indessen schon, drei- oder viermal um den Tisch herumgaloppierend und -trabend, den neuen Fuchs versucht, den er in der Tat am Tische angezäumt gefunden. Wieder absteigend, meinte er, es sei eine wilde Bestie, das täte aber nichts, er wolle ihn schon kriegen, und musterte die neue Schwadron Husaren, die sehr prächtig in Rot und Gold gekleidet waren, lauter silberne Waffen trugen und auf solchen weißglänzenden Pferden ritten, daß man beinahe hätte glauben sollen, auch diese seien von purem Silber. Eben wollten die Kinder, etwas ruhiger geworden, über die Bilderbücher her, die aufgeschlagen waren, daß man allerlei sehr schöne Blumen und bunte Menschen, ja auch allerliebste spielende Kinder, so natürlich gemalt, als lebten und sprächen sie wirklich, gleich anschauen konnte. – Ja! eben wollten die Kinder über diese wunderbaren Bücher her, als nochmals geklingelt wurde. Sie wußten, daß nun der Pate Droßelmeier einbescheren würde, und liefen nach dem an der Wand stehenden Tisch. Schnell wurde der Schirm, hinter dem er so lange versteckt gewesen, weggenommen. Was erblickten da die Kinder! – Auf einem grünen, mit bunten Blumen geschmückten Rasenplatz stand ein sehr herrliches Schloß mit vielen Spiegelfenstern und goldnen Türmen. Ein Glockenspiel ließ sich hören, Türen und Fenster gingen auf, und man sah, wie sehr kleine, aber zierliche Herrn und Damen mit Federhüten und langen Schleppkleidern in den Sälen herumspazierten. In dem Mittelsaal, der ganz in Feuer zu stehen schien – so viel Lichterchen brannten an silbernen Kronleuchtern – tanzten Kinder in kurzen Wämschen und Röckchen nach dem Glockenspiel. – Ein Herr in einem smaragdenen Mantel sah oft durch ein Fenster, winkte heraus und verschwand wieder, sowie auch Pate Droßelmeier selbst, aber kaum viel höher als Papas Daumen, zuweilen unten an der Tür des Schlosses stand und wieder hineinging. Fritz hatte mit auf den Tisch gestemmten Armen das schöne Schloß und die tanzenden und spazierenden Figürchen angesehen, dann sprach er: »Pate Droßelmeier! Laß mich mal hineingehen in dein Schloß!« – Der Obergerichtsrat bedeutete ihn, daß das nun ganz und gar nicht anginge. Er hatte auch recht, denn es war töricht von Fritzen, daß er in ein Schloß gehen wollte, welches überhaupt mitsamt seinen goldnen Türmen nicht so hoch war, als er selbst. Fritz sah das auch ein. Nach einer Weile, als immerfort auf dieselbe Weise die Herrn und Damen hin und her spazierten, die Kinder tanzten, der smaragdne Mann zu demselben Fenster heraussah, Pate Droßelmeier vor die Türe trat, da rief Fritz ungeduldig: »Pate Droßelmeier, nun komm mal zu der andern Tür da drüben heraus.« »Das geht nicht, liebes Fritzchen«, erwiderte der Obergerichtsrat. »Nun so laß mal«, sprach Fritz weiter, »laß mal den grünen Mann, der so oft herausguckt, mit den andern herumspazieren.« »Das geht auch nicht«, erwiderte der Obergerichtsrat aufs neue. »So sollen die Kinder herunterkommen,« rief Fritz, »ich will sie näher besehen.« »Ei, das geht alles nicht«, sprach der Obergerichtsrat verdrießlich, »wie die Mechanik nun einmal gemacht ist, muß sie bleiben.« »So-o?« fragte Fritz mit gedehntem Ton, »das geht alles nicht? Hör' mal, Pate Droßelmeier, wenn deine kleinen Dinger in dem Schlosse nichts mehr können als immer dasselbe, da taugen sie nicht viel, und ich frage nicht sonderlich nach ihnen. – Nein, da lob' ich mir meine Husaren, die müssen manövrieren vorwärts, rückwärts, wie ich's haben will, und sind in kein Haus gesperrt.« Und damit sprang er fort an den Weihnachtstisch und ließ seine Eskadron auf den silbernen Pferden hin und her trottieren und schwenken und einhauen und feuern nach Herzenslust. Auch Marie hatte sich sachte fortgeschlichen, denn auch sie wurde des Herumgehens und Tanzens der Püppchen im Schloß bald überdrüssig und mochte es, da sie sehr artig und gut war, nur nicht so merken lassen, wie Bruder Fritz. Der Obergerichtsrat Droßelmeier sprach ziemlich verdrießlich zu den Eltern: »Für unverständige Kinder ist solch künstliches Werk nicht, ich will nur mein Schloß wieder einpacken«; doch die Mutter trat hinzu und ließ sich den innern Bau und das wunderbare, sehr künstliche Räderwerk zeigen, wodurch die kleinen Püppchen in Bewegung gesetzt wurden. Der Rat nahm alles auseinander und setzte es wieder zusammen. Dabei war er wieder ganz heiter geworden und schenkte den Kindern noch einige schöne braune Männer und Frauen mit goldnen Gesichtern, Händen und Beinen. Sie waren sämtlich aus Thorn und rochen so süß und angenehm wie Pfefferkuchen, worüber Fritz und Marie sich sehr erfreuten. Schwester Luise hatte, wie es die Mutter gewollt, das schöne Kleid angezogen, welches ihr einbeschert worden, und sah wunderhübsch aus, aber Marie meinte, als sie auch ihr Kleid anziehen sollte, sie möchte es lieber noch ein bißchen so ansehen. Man erlaubte ihr das gern.

Der Schützling

Eigentlich mochte Marie sich deshalb gar nicht von dem Weihnachtstisch trennen, weil sie eben etwas noch nicht Bemerktes entdeckt hatte. Durch das Ausrücken von Fritzens Husaren, die dicht an dem Baum in Parade gehalten, war nämlich ein sehr vortrefflicher kleiner Mann sichtbar geworden, der still und bescheiden dastand, als erwarte er ruhig, wenn die Reihe an ihn kommen werde. Gegen seinen Wuchs wäre freilich vieles einzuwenden gewesen, denn abgesehen davon, daß der etwas lange, starke Oberleib nicht recht zu den kleinen dünnen Beinchen passen wollte, so schien auch der Kopf bei weitem zu groß. Vieles machte die propre Kleidung gut, welche auf einen Mann von Geschmack und Bildung schließen ließ. Er trug nämlich ein sehr schönes violettglänzendes Husarenjäckchen mit vielen weißen Schnüren und Knöpfchen, ebensolche Beinkleider und die schönsten Stiefelchen, die jemals an die Füße eines Studenten, ja wohl gar eines Offiziers gekommen sind. Sie saßen an den zierlichen Beinchen so knapp angegossen, als wären sie darauf gemalt. Komisch war es zwar, daß er zu dieser Kleidung sich hinten einen schmalen unbeholfenen Mantel, der recht aussah wie von Holz, angehängt und ein Bergmannsmützchen aufgesetzt hatte, indessen dachte Marie daran, daß Pate Droßelmeier ja auch einen sehr schlechten Matin umhänge und eine fatale Mütze aufsetze, dabei aber doch ein gar lieber Pate sei. Auch stellte Marie die Betrachtung an, daß Pate Droßelmeier, trüge er sich auch übrigens so zierlich wie der Kleine, doch nicht einmal so hübsch als er aussehen werde. Indem Marie den netten Mann, den sie auf den ersten Blick liebgewonnen, immer mehr und mehr ansah, da wurde sie erst recht inne, welche Gutmütigkeit auf seinem Gesichte lag. Aus den hellgrünen, etwas zu großen hervorstehenden Augen sprach nichts als Freundschaft und Wohlwollen. Es stand dem Manne gut, daß sich um sein Kinn ein wohlfrisierter Bart von weißer

Baumwolle legte, denn um so mehr konnte man das süße Lächeln des hochroten Mundes bemerken. »Ach!« rief Marie endlich aus, »ach, lieber Vater, wem gehört denn der allerliebste kleine Mann dort am Baum?« »Der«, antwortete der Vater, »der, liebes Kind, soll für euch alle tüchtig arbeiten, er soll euch fein die Nüsse aufbeißen, und er gehört Luisen ebensogut, als dir und dem Fritz.« Damit nahm ihn der Vater behutsam vom Tische, und indem er den hölzernen Mantel in die Höhe hob, sperrte das Männlein den Mund weit, weit auf und zeigte zwei Reihen sehr weißer spitzer Zähnchen. Marie schob auf des Vaters Geheiß eine Nuß hinein, und – knack – hatte sie der Mann zerbissen, daß die Schalen abfielen und Marie den süßen Kern in die Hand bekam. Nun mußte wohl jeder und auch Marie wissen, daß der zierliche kleine Mann aus dem Geschlecht der Nußknacker abstammte und die Profession seiner Vorfahren trieb. Sie jauchzte auf vor Freude, da sprach der Vater: »Da dir, liebe Marie, Freund Nußknacker so sehr gefällt, so sollst du ihn auch besonders hüten und schützen, unerachtet, wie ich gesagt, Luise und Fritz ihn mit ebenso vielem Recht brauchen können als du!« – Marie nahm ihn sogleich in den Arm und ließ ihn Nüsse aufknacken, doch suchte sie die kleinsten aus, damit das Männlein nicht so weit den Mund aufsperren durfte, welches ihm doch im Grunde nicht gut stand. Luise gesellte sich zu ihr, und auch für sie mußte Freund Nußknacker seine Dienste verrichten, welches er gern zu tun schien, da er immerfort sehr freundlich lächelte. Fritz war unterdessen vom vielen Exerzieren und Reiten müde geworden, und da er so lustig Nüsse knacken hörte, sprang er hin zu den Schwestern und lachte recht von Herzen über den kleinen drolligen Mann, der nun, da Fritz auch Nüsse essen wollte, von Hand zu Hand ging und gar nicht aufhören konnte mit Auf- und Zuschnappen. Fritz schob immer die größten und härtesten Nüsse hinein, aber mit einem Male ging es – krack – krack – und drei Zähnchen fielen aus des Nußknackers Munde, und sein ganzes Unterkinn war lose und wacklicht. – »Ach, mein armer lieber Nußknacker!« schrie Marie laut und nahm ihn dem Fritz aus den Händen. »Das ist ein einfältiger dummer Bursche«, sprach Fritz. »Will Nußknacker sein und hat kein ordentliches Gebiß – mag wohl auch sein Handwerk gar nicht verstehn. – Gib ihn nur her, Marie! Er soll mir Nüsse zerbeißen, verliert er auch noch die übrigen Zähne, ja das ganze Kinn obendrein, was ist an dem Taugenichts gelegen.« »Nein, nein«, rief Marie weinend, »du bekommst ihn nicht, meinen lieben Nußknacker, sieh nur her, wie er mich so wehmütig anschaut und mir sein wundes Mündchen zeigt! – Aber du bist ein hartherziger Mensch – du schlägst deine Pferde und läßt wohl gar einen Soldaten totschießen.« – »Das muß so sein, das verstehst du nicht«, rief Fritz; »aber der Nußknacker gehört ebensogut mir als dir, gib ihn nur her.« – Marie fing an heftig zu weinen und wickelte den kranken Nußknacker schnell in ihr kleines Taschentuch ein. Die Eltern kamen mit dem Paten Droßelmeier herbei. Dieser nahm zu Mariens Leidwesen Fritzens Partie. Der Vater sagte aber: »Ich habe den Nußknacker ausdrücklich unter Mariens Schutz gestellt, und da, wie ich sehe, er dessen eben jetzt bedarf, so hat sie volle Macht über ihn, ohne daß jemand dreinzureden hat. Übrigens wundert es mich sehr von Fritzen, daß er von einem im Dienst Erkrankten noch fernere Dienste verlangt. Als guter Militär sollte er doch wohl wissen, daß man Verwundete niemals in Reihe und Glied stellt?« – Fritz war sehr beschämt und schlich, ohne sich weiter um Nüsse und Nußknacker zu bekümmern, fort an die andere Seite des Tisches, wo seine Husaren, nachdem sie gehörige Vorposten ausgestellt hatten, ins Nachtquartier gezogen waren. Marie suchte Nußknackers verlorne Zähnchen zusammen, um das kranke Kinn hatte sie ein hübsches weißes Band, das sie von ihrem Kleidchen abgelöst, gebunden und dann den armen Kleinen, der sehr blaß und erschrocken aussah, noch sorgfältiger als vorher in ihr Tuch eingewickelt. So hielt sie ihn wie ein kleines

Kind wiegend in den Armen und besah die schönen Bilder des neuen Bilderbuchs, das heute unter den andern vielen Gaben lag. Sie wurde, wie es sonst gar nicht ihre Art war, recht böse, als Pate Droßelmeier so sehr lachte und immerfort fragte, wie sie denn mit solch einem grundhäßlichen kleinen Kerl so schön tun könne. – Jener sonderbare Vergleich mit Droßelmeier, den sie anstellte, als der Kleine ihr zuerst in die Augen fiel, kam ihr wieder in den Sinn, und sie sprach sehr ernst: »Wer weiß, lieber Pate, ob du denn, putztest du dich auch so heraus wie mein lieber Nußknacker, und hättest du auch solche schöne blanke Stiefelchen an, wer weiß, ob du denn doch so hübsch aussehen würdest als er!« – Marie wußte gar nicht, warum denn die Eltern so laut auflachten und warum der Obergerichtsrat solch eine rote Nase bekam und gar nicht so hell mitlachte wie zuvor. Es mochte wohl seine besondere Ursache haben.

Bernhard Doerdelmann
Weihnachten

Ehre sei
wem
in der Höhe?
Im Eisdruck zerbrechen
lebend-gefrorene Karpfen,
und Bethlehems Stall
braucht neue Spreu.

Friede sei
wem
auf der Erde?
Alle Jahre wieder
singen ordensgeschmückte Gänse
dies Spottlied
auf die Toten.

Und schließlich
wem
ein Wohlgefallen?
Denen für die es zu spät kommt
und die nicht wußten
welchen Dienstrang
der Frohbotschaftsengel hatte?

Friedrich Hagen
Warum ich Weihnachten nicht mehr feiere

Hergespültes Treibgut der Erinnerung. Wie das alles auftaucht. Wie eines das andre herbeiruft.

Die Folterwerkzeuge. Im Germanischen Museum die Werkzeuge der Unmenschlichkeit. Da wurde im christlichen Abendland gebrandmarkt, entmannt, geblendet, verstümmelt, gehenkt, gerädert, ausgedärmt, gepfählt, verbrannt, lebendig begraben, ersäuft. Dein Entsetzen, Kind, bis in die Träume hinein. Die teuflischen Geräte neben den unheimlichen Heiligen, den reglosen stummen Gestalten in den düsteren Gängen inmitten des Geflüsters und der scharrenden Schritte. Plötzlich hat die Welt der »Großen« ein erschreckendes, ein satanisches Gesicht. Was bislang hell war, bleibt hell, gut, aber die Schatten wurden schwärzer und voll Drohung.

Ja, Kind, seit deinem ersten Grauen ekelt es uns vor jeder Gewalt. Ein gutes Jahrzehnt danach, während des Krieges, wird dir allmählich aufgehen, daß auch das gerühmte gesetzlich geschützte Morden, das staatsgefällige Morden nichts anderes ist als unmenschliche Gewalttat, die Orden, Verstümmelung und Undank einbringt, falls man selber dem Ermordetwerden entwischt. Du wächst heran in einem Land, wo Humanisten lebten und Kant und Schiller und Büchner und viele klare Gehirne, die menschlich gedacht haben. Hätten wir, du und ich, uns vorzustellen vermocht, daß in diesem Land zwölf Jahre lang ein inhumaner Wahn zum nationalen Ideal erhoben wird? Und daß nach dem Beispiel des zweiten Völkermordes die ganze Welt von Gewalt verseucht ist und daß wir die einst geliebte Welt heute verabscheuen?

Lassen wir das. Erinnern wir uns, ehe das Dunklere hereinbricht, an Gutes und Gütiges, ja?

Weihnachten. Der milde warme Duft des Gebäcks. Du darfst mit Blechformen den Teig ausstechen zu Fischen, Kleeblättern, Halbmonden und Sternen. Ein eßbarer Beginn von Kosmogonie.

Warum ich seit geraumer Zeit nicht mehr Weihnachten feiere? Unser letztes Weihnachten in Nürnberg stand nicht im Zeichen der friedlichen Erwartung. Um die Krippe des jüdischen Kindes grölten schon die Braunhemden. Uns stand das nämlich bevor wie jenem Kind und seiner Mutter, der Jüdin Maria: die Flucht ins Exil. Das wußten wir bereits in jenen Weihnachtstagen des Jahres 32. Die Erinnerung daran ist bitter. Darum, Kind, begehe ich das Fest nicht mehr. Aber verzeih, daß ich wiederum dem Düsteren verfiel ...

Du hast die fällige Spieleisenbahn bekommen, eine Lokomotive alten Stils,

erst unserem Sohn wird es vierzig Jahre später vorbehalten sein, sie in drei Wochen kaputtzumachen,

und lange gerade und krumme Schienen. Die halben Schienen haben »etwas besonders Vornehmes«. Die Weichen erzeugen eine bohrende Ahnung von Abenteuern. Ob du das fühlst, Kind? Wahrscheinlich spürst du es dunkel, doch zu Worten wird es erst in meinem Mund. Aus Berlin bringt Tante Grete ein Stereoskop mit. Dein Staunen über die optische Täuschung. Du wanderst hinein in die Tiefe der grauen Räume, überzeugt, daß du der erste bist, der in sie eindringt. Mit selbstgezeichneten Doppelfiguren willst du dieselbe Wirkung erzielen, doch es glückt dir nicht. Du kannst dich nicht sattsehen an einem Bild: »Mondnacht am Diebold.«

Ich habe nicht herausfinden können, wo der Diebold fließt. Doch bis heute sehe ich, vielleicht mit demselben träumerischen Gefühl der Besitznahme, das Bild vor mir, die schwarzen Bäume, die tief in fahlem Wasser stehen wie in Mondmilch.

Die Mondnacht am Diebold hat in dir ... ja, wie soll ich's nennen? Sie hat in dir ein Verlangen erzeugt, ein Begehren, fast so etwas wie Heimweh. Das lebt in dir fort mit seinem opalenen Glanz. Es ist zeitweilig ein heißhungriger Drang, ein Bedürfnis nach schlichter Einsamkeit unter gebreiteten Zweigen, im Frieden der Ufer.

Der Drang ist mir geblieben, Kind. In den Jahren der Verfolgung, der Barbarei, der Unmenschlichkeit wurde er zur Sehnsucht nach einer brüderlichen Welt, durch die man ohne Sorge lächelnd gehen kann. Ich weiß, ich weiß: diese Welt gibt es nur in unserer Hoffnung und Hoffnung ist eine der Illusionen, die uns leben lassen. Oder soll ich sagen: diese Welt gibt es noch nicht? Wird sie den Menschen jemals gewährt sein?

Friedrich Rückert
Zwei Kindertodtenlieder

Weihnachten frisch und gesund
Im frohen Geschwisterrund,
Am Neujahr mit blaßem Mund,
An den drei Kön'gen im Grund.
So thaten die Feste sich kund
Mit Tod und Grab im Bund.
Mein Herz bleibt bis Ostern wund
Und wird nicht bis Pfingsten gesund.

* * *

Ich sprach zu meinem Mädchen:
Nun fährt, schlaf ein, schlaf ein!
Im Wagen mit goldnen Rädchen
Am Himmel das Christkindlein.

Von viel gar schönen Sachen
Ist sein Kütschchen beschwert,
Und wenn du wirst erwachen,
Sind sie dir alle beschert.

Und so schlief ein mein Mädchen,
Und sprach, als es erwacht:
»Das Kütschchen mit goldnen Rädchen,
Hab' ich gesehn bei Nacht.

Es fuhren die goldnen Rädchen
Im Himmel mit schnellem Lauf;
Herab hing ein goldnes Fädchen,
An dem stieg ich hinauf.«

»Nein, nein, es wird sich neigen
Mit seinen Waaren zu dir;
Du sollst hinauf nicht steigen,
Kind, du sollst bleiben bei mir.«

Darauf hat mein Kind geschwiegen,
Und nicht mehr gesprochen ein Wort;
Und nun ists hinauf gestiegen
Am goldenen Fädchen dort.

Es war ein so leichtes Mädchen,
Deß Herzchen zu fliegen schien;
Genug war ein goldnes Fädchen,
Um es hinaufzuziehn.

Uns aber, schwerer beladen
Von Kummer oder von Schuld,
Auch uns am goldenen Faden
Wird hinaufziehn die Huld.

Helmut Haberkamm
Hohe Nacht der klaren Sterne

Schön, wenn man die Dämmerung so hereinbrechen sieht. Der Regen geht immer mehr in Schnee über, und die Holzbuden des Christkindlsmarktes rücken enger zusammen. Wie Aschenflocken kommen die Tropfen vom Himmel, als grauweißliche Flusen segeln sie herab auf die Besucher, die jetzt über den Hauptmarkt streifen. Im Licht der angestrahlten Auslagen sehen die Leute aus wie herausgebackene Figuren unterm Staubzucker.

Meine Frau hat sich gut gehalten, man sieht ihr das Alter nicht an. Sie ist noch besser beinander als ich. Heut trägt sie ihren guten beigen Wintermantel und hat neue Dauerwellen in ihrem grauen Haar. Ungeniert redet sie die Leute an, auch jetzt wieder die Verkäuferin in ihrer Bude, als sie gerade die Papiertüten hervorkramt und zurechtlegt, gefüllt mit Dominosteinen, Kokoswürfeln und Makronen.

»Bei uns daheim hab'n wir immer Schamitzl gsagt zu den Tüten da«, erklärt meine Frau und lächelt. Sie packt die Sachen in ihre Tasche zu den Lebkuchen und dem Früchtebrot. Alles so würzig, so mollig, so saftig. »Stanitzel? Gehört hab ichs schon mal, aber das Wort kennt man heut nimmer«, gibt ihr die junge Verkäuferin zurück. Wahrscheinlich wundert sie sich über die schrullige Alte und denkt jetzt, diese alten Krauterer können ja keine kandierten Sachen nimmer zerkauen, keine Mandeln und Nüsse nimmer beißen mit ihren klobigen Gebissen drin. Aber die wird schon auch mal alt. Mehr braucht man keinem anwünschen heutzutag.

Ich weiß, daß ich alt ausschau, älter als meine Frau, auch blasser. Gehen tu ich langsamer und krummer. Sie dagegen läuft immer noch aufrecht und stolz, ihren Arm eingehängt bei mir, in der Budenstraße Richtung Schöner Brunnen vor. Gar nicht wie ein hutzliges Zwetschgerweibla! Von wegen Stockflecken und Scheintod! Sie schaut mich an und ihre Augen strahlen wie Rosinen im

Hefezopf. Früher hab ich gedacht, daß es schön sein muß, so fidel und verbunden und geruhsam miteinander ins hohe Alter zu schreiten. Beseelt von Gemütsamkeit. Aber ich bin einfach nur müde. Es geht halt nimmer, wies war.

Am rauchenden Wurststand kaufen wir uns rostbraune, arg gepfefferte Bratwürste in einem Weckla. Wie herzhaft sie hineinbeißt und sich die Senfreste wegwischt! Gewissenhaft und energisch bis in die Mundwinkel, bis zum letzten eigenen Zahn!

»Wo ich jetzt den Rauch und das Rostfeuer seh«, sag ich zu ihr, »da muß ich immer an meine Schulzeit denken, an unsern alten Lehrer Mündlein. Der hat immer von den guten Geistern des Lichts gredet, die mit den finstern Mächten der Rauhnächte im Kampf liegen um die Mittwinterwende herum, wo die Dunkelheit am längsten und schwärzesten ist, bis die Sonne die Oberhand behält und den Tagen wieder das Licht bringt.«

»Hör mir bloß mit den Rauhnächten auf, und mit dem ganzen Aberglauben davon!« erwidert sie. »Der ganze Schmarrn hat mir immer Angst eingjagt als Mädchen. Meine Großmutter war eine griesgrämige Matz am End, wie sie so zuckerkrank geworden war, die hat immer uns Kinder zusammengstaucht: Da kommt fei gleich die Eisenberta mit dem Rußgsicht und mit dem wilden Heer, die schlitzt dir dein Bauch auf mit ihrer großen Sichel, dann stopft sie lauter Stroh dir rein, wennst net brav bist und net folgst!

Meine Großmutter war aber net bloß so bißgurkig, die konnt auch ganz anders sein. Wie ich aus dem Haus kommen bin, wie ich gebeichtet ghabt hab, wie ich dann in Stellung kommen bin, da hat sie mir ein Poesiealbum gschenkt, und vorne hinein hat sie mir einen schönen Spruch reingschrieben: Der Himmel sei dein Hut, die Erde sei dein Schuh, ein guter Stern auf deiner Reis', geb' dir den rechten Weg dazu.«

Es ist was Wundervolles, so eingehängt und in Erinnerungen vertieft den Christkindlsmarkt zu durchwandern, in aller Ruhe. Der Schöne Brunnen ist angestrahlt und glänzt hochherrlich, Glockenklänge breiten sich darüber aus, die Kopfsteine schimmern und eine Postkutsche mit Gäulen schippert hupferte Kinder durch die dämmrigen Gassen.

»Der Schweißgruch von die eingspannten Pferde dort erinnert mich an die Zeit nach dem Krieg, wo wir ausbombt gwesen sind«, fängt sie an, »draußen in Dachsbach bei einem Bauern habens uns notdürftig einquartiert ghabt. Du liebe Zeit, zu sechst in einer Stube ghaust, fast nichts hat man ja retten können aus der Brandnacht, und dann mit allerhand Leut zusammengwürfelt, auf Gedeih und Verderb angwiesen auf wildfremde Leut, schuften müssen auf dem Hof von früh bis spät für blanke Kost und Loschie, du meine Güte, waren das Zeiten. Aber bei dem Bauern hab ich immer die Pferde zur Schwemm gführt Sonntag früh vor der Kirch, hab sie ausgschirrt und gstriegelt und versorgt. Ja, ich hab eine gute Hand für die Gäul ghabt, ich hätt auch eine tüchtige Bäuerin gegeben.

Schau, dort drüben ist das Christkind! Wie's strahlt und glänzt, wie's Postkarten verteilt an Kinder und Mütter! Schau nur auf die Kleinen ihre hellen Gesichter!«

Gerüche von Backwerk, Zimt und Glühwein weht es uns ins Gesicht, Rauch durchzieht die Kälte über dem Schnee. Beim Ausatmen wächst den Leuten vor den Köpfen ein Schwung Zuckerwatte in der Luft. »Allüberall auf den Tannenspitzen seh ich goldne Lichtlein blitzen.« Meine Frau zwinkert und deutet zur Frauenkirche hinüber, Richtung Krippe.

»Ach Bärbel, Budenzauber und Kinderglaube«, sag ich mit einem Seufzer zu ihr. Es klingt, als würde ich diesen Spruch aus einem tiefen Brunnen in die Höhe winden. Aus einem Schacht voller Erinnerungen an Fichtenwedel und Rindenbruch, Wunschzettel und Metzelsuppen, Barbarazweig und Fitzelruten.

»Apfel, Nuß und Mandelkern, essen fromme Kinder gern. Kennst du den Vers, Frieder? Das hat der Pelzmärtel immer gsagt, als er zu uns kommen ist, wie ich noch ein kleines Mädchen war.«

»Das kenn ich freilich«, antworte ich ihr, »an Pelzmärtel haben wir Buben immer Trümmer Futterrüben ausghullert, habens mit Heu ausgebrannt, daß sie innen ganz angerußt warn, dann haben wir Kerzen reingsteckt, so sind wir im Dorf rumgstrolcht. Manchmal haben wir auch eine Rübe einem Bauern in die Hofreit gschmissen, daß sie in tausend Stücke zersprang.«

Da kommt mir auf einmal der Thilo wieder in den Sinn.

»Hab ich dir einmal erzählt von dem Pelzmärtelspiel, bei dem ich mitgmacht hab? In der Volksschul halt. Ich war da der Bettler im Staub. Der Thilo, der Sohn vom Pfarrer, der war der heilige Martin, ich erinner mich noch an sein gschnitztes Schwert, er gab einen herrlichen römischen Gardeoffizier ab, hoch zu Roß. Er reicht mir eine Hälfte des roten Mantels herab, dabei zwinkert er ganz leicht, und ich muß dann ganz verwundert glächelt haben, so als beschenkter Bettler im Staub der Straße. Aber es hat so echt und ergreifend gwirkt, daß unsere Mütter alle haben greinen müssen dabei.«

»Was ist denn aus dem Thilo gworden?« fragt mich meine Frau.

»Der ist gfallen. Ganz am Schluß noch. Den haben sie auch noch verheizt, wie er für einen Haufen Schutt und Schrott seinen Kopf hat hinhalten müssen. So ein Blödsinn, für nichts und wieder nichts. ›Die Gewalt der Verwandlung, die das Geben verleihen kann‹, so hat dem sein Vater damals gepredigt. Der war auch so ein kleiner Hitler, am Anfang halt. Nach dem Krieg ist er dann aber wie umgwandelt gwesen. Dann hat man bloß noch ›Jesus, Jesus!‹ ghört von ihm. Aber ein stinkerter Strumpf ist und bleibt halt bloß ein Strumpf, da magst ihn drehn und umwenden, wiest willst. Wenn man so bedenkt, wieviel der Besten da so blindlings niedergmacht worden sind, da verblassen wir andern alle dagegen, auch wenn wir heil geblieben sind. Der Thilo war wirklich ein anständiger, hochgescheiter Kerl, kann ich dir sagen.«

An der Krippe betrachten wir lange die demütig blikkenden Figuren im Stroh des Stalles. Vor der beleuchteten Frauenkirche nimmt derweil auf der überdachten Bühne ein Posaunenchor Aufstellung. Als der Leiter die Bläsergemeinschaft in den ersten Choral dirigiert und die metallschweren Töne zur Fassade des gotischen Gotteshauses emporfliegen, da kommt mir die Zeit in den Sinn, als auch diese Kirche zusammengebombt in Schutt und Asche lag. Unser Glück, am Leben geblieben zu sein, und sogar wieder daheim! Ausquartiert in einem saukalten Verschlag haben wir '46 die Weihnacht wieder im Frieden feiern können, endlich wieder zusammen nach dem Krieg, nach der Gefangenschaft, wo wir im Winter zuvor Gras und Frösch und Ratzen gefressen haben beim Russen. Nichts wie ein Häuflein Elend im Dreck. Aber überlebt, zum Knieerweichen dankbar, knochendürr und hohl vor Hunger, doch voller Hoffnung. Eine Grimmkälte herrschte damals, tiefer Schnee und klirrender Frost. Hohe Nacht der klaren Sterne, ein ewiges Knirschen unter den Stiefeln, das Knarzen vom Eis.

»Weißt du noch, wie wir die Kohlen organisiert haben?« fragt mich die Bärbel, als hätte sie meine Gedanken erraten. »Ich hab eine alte Henne vom Bauern bsorgt für eine gute Hühnerbrüh, du hast für die Elisabeth eine holzgschnitzte Puppe gmacht aus einem angsengten Tischbein, ich hab Flicken zusammengnäht als Kleidla, damit das Kind eine Freude ghabt hat. Und wie ihre Augen gleuchtet haben! So was vergißt man nie mehr.«

»Wo ist eigentlich der Rauschgoldengel geblieben, den die Elisabeth als Mädchen sich so sehr gwünscht hat, zu dem sie immer Lauschboldengel gsagt hat?«

»Der muß im Dachboden droben sein. Morgen muß ich mal wieder dort rumstöbern. Die schöne alte Krippe, die Figuren und Kugeln, all das muß droben in der Kisten sein hinterm alten Wohnzimmerbuffet. Ja, morgen werd ich die alte Kisten unterm Dach hervorholen und alles herausputzen und noch einmal aufhängen. Noch einmal so ein altes Weihnachten begehn. Noch ein Mal so ein Erlebnis. Wir werden den schönen Christbaum schmücken, ein gscheites Heiligabendessen kochen, einen Tafelspitz mit warmem Kren und Preiselbeeren, einen Bocksbeutel dazu, ein Gedicht das Ganze! So wie damals, Weihnachten 1961.«

Ach ja, damals 1961! Als wir alle noch einmal beisammen waren, unsere drei Kinder, und die Großeltern noch am Leben! Bärbels Leut haben den Baum geschmückt. Ihr Vater hat so eine Art Kolonialwarenladen gehabt. Er handelte mit allem möglichen Krimskrams, der alte Baumschmuck stammt von ihm. Den haben aber die schon von ihren Eltern und Großeltern geerbt. Herrliche silberne Glöckle, ein Engel als Spitze, wunderschön bemalte Zinnfiguren, ein Schlotfegerla, ein Kasper, ein Hofnarr mit einer Schellenkappe, ein Zauberer mit weißem Stab und schwarzem Mantel, ein Pelzmärtel, ein Christkind, das Sterntalermädle, ein Christbaum mit Lichtern, eine Gans, ein Engel, wundervolle Schmuckstücke, dazu Äpfel, Nüsse, Lebkuchenherzen, Backwerk und Strohsterne.

Die Tür zur guten Stube hab ich zugesperrt und innen vor dem Schlüsselloch klitzekleine, glitzernde Bänder gehängt. Das Bohnerwachs auf den Böden schmeckte man in jeder Stube. In der Küche dampfte das Abendessen still vor sich hin. Ein Teller mit Dörrobst von der Oma stand schon auf der feierlich gebügelten Tischdecke, daneben harzige Zweige und Kerzen aus echtem Bienenwachs. Gegen Abend haben wir dann die Kristallschalen mit den Plätzchen zurechtgemacht, mit Springerle und Spekulatius, Vanillkipfle und Kokosmakronen, Buttergebäck und Eiskonfekt, Pfefferkuchen und Anistaler.

Dann ging es zum Gottesdienst, wo die helle Krippe unter dem glänzenden Stern alle Augen in den Bann zog. Jeder wollte die Hirten sehen, auf Knien vor dem Kind in der Krippe. Maria und Joseph, ermüdet von Weg und Wehen, in der armseligen Unterkunft, unbehaust und abgezehrt, ihre Gesichtszüge und ihre Körperhaltung sagten einem alles. Durch die singenden, klingenden Chöre wehte jeden ein mächtiger Hauch von Feierlichkeit und Freude an. Der Geist von diesem wunderbaren Familienglück, der damals in die Welt gekommen ist, den konnte man hautnah spüren. Danach gingen wir heim, wir haben gegessen, uns gefreut und gefragt, was einem die Stube diesmal wohl bereithalten wird an Überraschung. Endlich ist die Zimmertür aufgegangen, und die Geschenke haben unterm Baum hervorgeleuchtet. Ein Schlitten für den Reinhold stand unter dem geschmückten Baum mit den brennenden Wachskerzen, umwickelt von einem rotweißen Wollschal, den die Oma monatelang selbst gestrickt hat, und obendrauf drehte ein rotes Spieluhrkarussell seine Runden. Elisabeth bekam ihren heißersehnten Grundig-Radio, Lothar seine Schlittschuhe und einen Technik-Baukasten mit einem Kran, einem Lastwagen und sogar einem kleinen Motor. Wir Großen tranken Wein, und Fruchtpunsch gabs für die Kinder, Geschichten haben wir vorgelesen und Gedichte aufgesagt.

Gesungen haben wir auch, all die schönen, alten Lieder, mit all ihrem Schmelz und ihrer Heimeligkeit. Wenn auch der Gesang noch so angestrengt und kümmerlich dahergekommen ist, eine ganz eigene Feststimmung war trotzdem damit verbunden, wie sie wohl nur an einem einzigen Tag zu erleben ist.

Wehmut beschleicht mich bei all den Erinnerungen, dem Stimmungszauber. Uralte Wörter wie Ehre, Güte, Huld, Segen oder Gnade kommen mir dabei in den Sinn, Wörter mit langen, staubbraunen Schatten, mit Wärme und Licht. Irgendwie sind sie alle auf der Strecke geblieben, wie unser Kinderglaube. Aber sie erinnern mich an die verblichenen Großeltern, die solche Wörter noch wie schmackhafte Brotrinden im Munde geführt haben.

Wunderbare Weihnachtszeit! Die leuchtenden, granatapfelroten Kugeln sind dann wieder die fleischigen Äpfel vom Lebensbaum im Paradies, die Kerzen die

Gestirne, die goldenen Früchte am Weltenbaum. Eine geglückte Kindheitsweihnacht, sie kann unser Lebtag ein Licht in alle unsere Dunkelheiten senden und eine Kraft verströmen, die alle Welt erhält und trägt, die einem bis zum letzten Atemzug einprägt, daß man dem Stern nachziehen muß, jenem Stern, der alle unsere Tage vom Ende her erhellt. Und mit größter Hingabe machen wir uns auf den Weg, unseren ganz persönlichen, steinigen Weg, hin zum eigenen Ziel, dem wir unser ganzes Herz schenken müssen ...

Bei einem Getränkestand halten wir eine dampfende Tasse Glühwein in der Hand, pusten einen kräftigen Luftstrom hinein und schlürfen vorsichtig an dem heißen Gebräu. Weingeruch steigt mir in die Nase. Zimt, Sternanis, Orangen und Nelken schicken ihr Aroma in die Luft und entfachen ein ganz eigentümliches Wohlgefühl.

So viele Winter. Erinnerungen an den Dezember vor vier Jahren, an unsere goldene Hochzeit. Und der furchtbare Dezember '77, als der Reinhold verunglückt ist. Unser Jüngster, damals auf der Heilbronner Autobahn. Es war nicht seine Schuld. Der war noch ein Nachzügler, der kam '58, da war die Elisabeth schon sechzehn, und der Lothar war auch schon elf. Die zwei waren ja aus dem Gröbsten längst raus, fast aus dem Haus. Vom Typ her war der Reinhold schon als kleiner Bub so ein verschmuster Lauser, ein furchtbarer Mutterhansel, der hat immer den bequemsten Weg gesucht, hat sich immer auf andere verlassen, der hat kein dickes Brett bohrn wollen im Leben. Ein Hallodri halt, fröhlich und gnäschig und lieb. Aber dem sind die Mädchen nachgelaufen wie närrisch. Vorwitzig war er schon ein bißchen, der konnte witzblitz auf die schiefe Bahn geraten. Im Dezember im Jahr drauf war dann meine Verabschiedung im Betrieb, meine Kollegen haben sogar ein Abschiedslied gesungen vor dem großen Schild: Aus Erfahrung gut. Dann gabs den Freßkorb, Blumenstöckle und Bocksbeutel. Daß sie mir einen Jüngeren, so einen Siebengescheiten, vor die Nase gehockt haben, wie sie mich da getretzt und praktisch hinausgeekelt haben, davon war natürlich nicht mehr die Rede am Ende.

Die Elisabeth wohnt im Norden droben in einer Großstadt, mit den zwei Enkeln haben wir von je wenig Kontakt gehabt, die sind halt arg verzogen, wie die Kinder heutzutage oft sind, die haben nie einen Zug zu uns Großeltern gehabt. Vor ein paar Jahren ist der Elisabeth ihr Mann gestorben, Kehlkopfkrebs, ging ganz schnell bei dem, bloß noch Haut und Knochen. Jetzt hab ich nur noch die Kinder, hat sie da gesagt. Das hat uns schon arg weh getan irgendwie. Als wären wir nur noch Luft gewesen.

Der Lothar ist 1947 zur Welt gekommen, ein Jahr, nachdem ich aus der Gefangenschaft zurück war. Der lebt schon seit zwanzig Jahren in Norwegen, in der Nähe von Bergen. Der hat im Betrieb eine von dort droben kennengelernt, dann habens geheiratet und sind raufgezogen für immer. Vor vier Jahren war er das letzte Mal da in Nürnberg, bei unserer Jubelhochzeit. Die haben auch zwei Kinder, aber die reden bloß ganz gebrochen Deutsch. Das sind fremde Menschen im Grunde für uns. Ein Brief an Weihnachten, Karten zu den Geburtstagen, das ist alles, und in den letzten Jahren bloß noch Telefonate. Da hat man nichts mehr in der Hand, wie das bei einem Brief ist, wo ein Charakter drinsteckt, eine persönliche Geschichte. Die Fotos hat er uns auch noch nicht geschickt, wie versprochen, mit den Enkeln mit den komischen Namen.

Seit der Beerdigung vom Reinhold ist es nicht mehr wie früher. Die Elisabeth und der Lothar haben uns Vorwürfe wegen dem Reinhold gemacht. Sie haben uns vorgehalten, daß wir bloß gerackert und gespart haben und keine Zeit hatten für sie, daß uns das Geld damals wichtiger war als die Kinder, daß sie zu kurz gekommen sind, ganz im Gegensatz zum Reinhold. Daß der alles gekriegt hat, was er wollte. »Der wenn Teller gesagt hat, lag doch die Wurst schon drauf, da durften die Elisabeth und ich nicht dran lecken, ihm habt ihr doch den Staubzucker nur so in den Hintern geblasen, jetzt habt ihr die

Quittung dafür!« So hat der Lothar geredet. »Der Reinhold hat sich doch alles erlauben dürfen, die Schule gschmissen, Mädchen gschwängert, Stunk gebaut im Betrieb, Führerschein gezwickt kriegt, Autos zusammenghutzt!«

Auch die Worte von der Elisabeth hab ich noch im Ohr: »Lauschboldengel, Lauschboldengel! Ach, ich scheiß dir auf den blöden Rauschgoldengel! Was hat denn der jetzt mit dem Ganzen zu tun? Das hör ich jetzt seit zwanzig Jahrn, die saudumme Gschicht mit dem blöden Engel da! Jetzt fehlt noch die Story mit dem alten Radio, den ich kaputtgmacht hab, dann stehts mir wieder bis hier! Die alte Grundig-Rumpel war doch wahrscheinlich eh bloß zweite Wahl, da hast du doch bestimmt Prozente gekriegt, Mitarbeiterrabatt. Das Christkindgetue unter dem aufgedonnerten Baum damals, du lieber Gott!«

Ach, man muß vergessen und verzeihn. Auch wenns weh tut. Wenn man denkt, wie wenig man weiß voneinander. Wie viel verschlossen und vergraben ist in einem. Wie wenig einem bleibt am End, selbst vom Allernächsten.

Dieses Jahr sind die Müdigkeit und der Schmerz gekommen, meine Beine können nicht mehr so munter in der Weltgeschichte umeinanderschlurchen. Im Kopf hätte ich es schon noch, so ist es nicht, aber alles will nicht mehr so hinaus, wie es der Geist einem aussinnt. Man wird halt gebrechlicher, ganz unmerklich, bis man dann verkrummt und verlahmt, so allmählich, wie man Haare verliert, wie die Haut dünner und lappriger wird, wie die Gelenke schwerfälliger werden und die Knochen leichter brechen. Wir sind jetzt alle zwei bald schon achtzig, die Bärbel und ich, aber immer noch allein im Haus, wir können uns ja noch voll versorgen und alles in Schuß halten. So ist man eben noch sein eigener Herr. Aber bald ist das alles vorbei, das hab ich schon gespürt.

Es muß ein leichter Schlaganfall gewesen sein, vor vier Wochen, in der Andreasnacht. Früh jedenfalls hab ich so verwaschen geplaudert, die eine Gesichtshälfte war leicht abgesackt, war nach unten gehangen, wie ein nasses Hemd auf der Leine. Die Bärbel hat sich gleich Sorgen gemacht und wollt schon den Doktor anrufen, aber ich habs ihr noch einmal ausreden können: »Die stecken mich bloß in die Klinik, hängen mich an Tropfer und Maschinen, da stirbst allein am Schreck und am ganzen Heckmeck dort.«

Dabei hab ich rein gar nichts gemerkt davon, es war wie verhext gewesen. Über Nacht war ich ein halber Krüppel geworden. Die Kaffeetassen hab ich nicht mehr halten können, beim Trinken ist mir die Brüh aus den Mundwinkeln gelaufen, das Kinn war voll und es ist alles den Hals runter, der ganze Tisch war versuckelt und versaut. Nach ein paar Tagen hat sichs wieder gegeben, war fast wieder wie zuvor. Aber es war halt ein Zeichen, eine Warnung. Ich hab gemerkt, daß es dem Ende zugeht, sachte, aber todsicher. Naja, hab ich mir gesagt: »Mensch Frieder, du willst doch net als bettlegerischer Pflegefall verenden, ohne Willen und Verstand, als ein stinkendes Trumm Mannsbild, das man füttern und waschen und in Windeln packen muß wie einen sabbernden Deppen!« Das hab ich dann auch der Bärbel erzählt. Was das angeht, da waren wir uns immer einig. Wir haben immer achtzig werden wollen zusammen, oder neunzig. So ein biblisches Alter halt, darauf hatten wir uns eingerichtet gehabt. Ich bin ein Sechzehner, nächstes Jahr hätte ich meinen runden Geburtstag. Den werd ich nicht mehr erleben, aber was solls? Man kann nicht alles haben im Leben. Wir haben jetzt vierundfünfzig Jahre Freud und Leid geteilt, das hat uns zusammengeschweißt. Das Haus sollen die Kinder haben, meinthalben verkaufen sie alles und unterstützen damit die Enkel. Das ist dann ihre Sache. Erben finden sich schneller ein als der Tod.

»Ich möcht nie in dein Grab schaun müssen«, hat die Bärbel gesagt.

»Ich möcht auch nie allein dastehn müssen am End, ohne dich.«

So sind wir draufgekommen, auf das gemeinsame Ende zur gleichen Stunde. Der Entschluß steht jetzt fest, die Tabletten liegen in der Schublade. Wir sind ganz ruhig und gefaßt, sogar gut aufgelegt, jetzt, wo die Sache uns so klar vor Augen schwebt. Kein Mensch weiß, was danach kommt, aber ich glaub schon, daß irgendwas kommt. Heute gehen wir noch einmal durch den Christkindlsmarkt, morgen erleben wir noch einmal gemeinsam eine geweihte, heilige Nacht, die Krone des Jahres, und dann machen wir uns leise aus dem Staub, ohne großes Aufhebens. Die Grabstelle ist gerichtet, alles bezahlt für fünfundzwanzig Jahre, alles geregelt. Erdbestattung, das ist unser Wunsch, wir kommen vom Land, wir gehören auch ins Erdreich.

Ich kann mir alles sehr gut ausmalen, wie es sein wird. Die Nachbarn werden nach den Feiertagen an unserer Tür klingeln, weil sie kein Licht im Haus gesehen haben, die Vorhänge sind zugezogen geblieben, der Schnee ist vielleicht nicht weggeschippt worden. Niemand macht die Tür auf. Die Nachbarn werden die Zeitung und die Post im Kasten finden, wir liegen nebeneinander im Bett, als wenn wir schlafen würden. Der Notarzt wird mit Blaulicht und Martinshorn herangeschossen kommen, wird stehenbleiben für einen Moment, so als ob er uns nicht stören möchte in unserer Gemeinsamkeit, wie wir so daliegen auf dem Bett, still und starr. Dann wird er uns anfassen und untersuchen und seelenruhig den Totenschein ausfüllen. Herzversagen, wird er ins Formular schreiben. Auf dem Wohnzimmertisch werden graue Ausweise und die Versicherungsdokumente liegen, dazu Stammbuch, Lebenslauf, Fotoalbum, Kennkarten, Krankenkassenbescheide, der Brief vom Pfarramt wegen der Grabstelle, unsere handgeschriebene Todesanzeige, die Liste mit all den Namen und Adressen. Drei Briefumschläge haben wir zurechtgemacht: für Elisabeth, für Lothar und für »Wer uns findet«. Nichts Schöneres, als wenn alles seine Ordnung hat. Für die Todesanzeige und die Beerdigung haben wir uns einen wunderschönen

Liedervers ausgesucht: Hohe Nacht der klaren Sterne, die wie weite Brücken stehn, über einer tiefen Ferne, drüber unsre Herzen gehn.

Wir schlagen unseren Weg vom Hauptmarkt weg Richtung Straßenbahn ein, drehen uns noch einmal um und bleiben dort stehen, Hand in Hand, vorm erleuchteten Christkindlsmarkt.

»Schau, Bärbel, so behalten wir alles in Erinnerung. Schöner kanns nimmer werden, glaub mir das.«

Wir gehen dann weiter, und ich muß ein wenig weinen, aber ganz lind und leise, so wie der Landregen hier in die Gärten mit dem Streuobst fällt im späten Herbst.

Gottlob Haag
Vom Himmel hoch

»Vom Himmel hoch«
wird er nicht kommen,
jener, von dem in der Botschaft
zur Weihnacht die Rede ist.

Wieder geboren
aus dem Schoß einer Frau
mit angezweifeltem Ruf,
kommt er vielleicht
aus den Slums
einer der übervölkerten Städte
dieser Welt,
hohlwangig und hungrig,
in abgerissener Kleidung
und bittet dich
um ein Stück Brot.

Möglicherweise kommt er auch
als Kind mit seinen Eltern
in einem Aussiedlertransport
über die Grenze,

der Sprache des Landes
nicht mächtig,
das ihm Heimat werden soll,
oder aber lebt eingesperrt
in einem Flüchtlingslager,
oder in Kerkerhaft,
weil seine Ansichten,
frei und offen,
von den Mächtigen gefürchtet,
als staatsgefährdend gelten.

Es kann aber auch sein,
daß er in Gestalt eines Bettlers
unerwartet vor deiner Tür steht
und dich in seiner heiligen Einfalt
um Speise und Trank
oder etwas Geld bittet.
Doch bevor du ihm verärgert
die Tür vor der Nase zuschlägst,
weil du in ihm nur
den Vagabunden siehst,
bedenke:
»Des Menschen Sohn hat keine Stätte,
wo er sein Haupt hinlege.«

Es ist Weihnachten,
und wenn dir ein Mensch
über den Weg läuft,
der dein Mitleid erweckt,
solltest du wissen:
Du bis jenem, der erwartet wird,
näher, als du denkst.

Karlheinz Deschner
Alternative für Weihnachten

Das christliche Weihnachtsmärchen ist uns allen so vertraut, daß viele meinen, es stünde in jedem Evangelium. Doch nur Lukas erzählt es, und er spann es fast gänzlich aus jüdischen und heidnischen Legenden heraus. Und da auch Markus, Matthäus, Johannes bloß fabelten, kommt selbst Albert Schweitzer zu dem Schluß: »Es gibt nichts Negativeres als das Ergebnis der Leben-Jesu-Forschung. Der Jesus von Nazareth, der als Messias auftrat, das Gottesreich verkündete und starb, um seinem Werk die Weihe zu geben, hat nie existiert.«

So ersetzte man denn Weihnachtsmetten, Festpredigten und weißgott welche schimärischen Glückseligkeiten durch ein wenig Besinnung auf die Geschichte.

Ich rate, den Christbaum wieder im Wald, die Kerzen im Kaufhaus zu lassen und lieber sich selbst ein Licht aufzustecken. Schon bei geringer Erleuchtung nämlich erhellt: so nichtig wie all das weihnachtliche Glänzen und Lügen ringsum ist wenig, und wichtiger als die Not des Nächsten fast nichts. Besser ist es, einen Hungernden zu nähren, als sich selber zu überfressen und der Industrie das Geld in den Rachen zu schmeißen. Statt jährlich dem Weihnachtsmann aus Rom zu lauschen, sollte man einmal das Kapital der Kirche kennenlernen, ihren noch immer ungeheuren Landbesitz und die Gehälter der Prälaten. Mancher würde mehr staunen als über alle Weihnachtsmirakel bei Lukas und begriffe vielleicht, warum schon bei der Geburt des Herrn Ochs und Esel zugegen waren. »Das Volk«, sagte Arno Holz, »hat lange graue Ohren, und seine Treiber nennen sich Rabbiner, Pfarrer und Pastoren.« Kurz, statt »Am Weihnachtsbaum die Lichter brennen« zu singen, könnte man sich erinnern, wo's denn sonst noch brennt auf der Welt; könnte man das widerliche Spielchen fortan umgekehrt spielen: alle Tage quasi Weihnachten, und nur an Weihnachten Alltag. Ich schlage vor: am mysterienreichen

Geburtstag des Herrn – von der ältesten Kirche, die es doch am besten wissen mußte, am 19. April, 20. Mai und 17. November vermutet – ab sofort das berühmte Thema »Und Friede den Menschen auf Erden, die guten Willens sind« fahren, sämtliche Kinderchöre, Domglocken, Dompfaffen schweigen zu lassen. Jede aufkommende Sentimentalität ist verpönt, streng bestraft wird, wer einen Christbaum hat, »Ihr Kinderlein kommet« intoniert, ein frohes Fest wünscht, von Frieden salbadert oder sonst ein frommes Wort verliert.

Statt dessen werde es obligatorisch, just an diesem Tag all das verstärkt, konzentriert, nun eben mit dem ganzen christlichen élan vital und d'amour zu betreiben, was sich sonst gleichmäßig über das Jahr verteilt: die Verbreitung von Unkonzilianz, Geifer, Gift, Gewalt, die kaum getarnte Barbarei, Kampf aller gegen alle. Man intrigiere und betrüge jetzt auf Teufel komm raus an Weihnachten, man verleumde, hetze und mache den andern kaputt. Aut Caesar aut nihil, aut vincere aut mori. Wer das ganze Jahr über umbringt, begehe nun bloß noch an Weihnachten seine Raub-, Lust- oder Justizmorde, und auch alle Kriege finden künftig nur am ater dies statt.

Dafür herrsche an den übrigen 364 Tagen absolute Waffenruhe, schönster Friede, benehme sich jeder so, wie man glauben könnte, daß wir uns benähmen, gälte auch nur im geringsten, was an Weihnachten hier aus dem Blätterwald schallt, aus der Glotze, den Kirchen. »Und Friede den Menschen auf Erden ...« – während die Menschheit in jeder Minute des Jahres fast eine Million Mark für Rüstung hinwirft und alle paar Sekunden ein Kind verhungert. »Stille Nacht, heilige Nacht, alles schläft ...« Wahrhaftig, so ist es.

Walter Gallasch
Die Botschaft

Es gibt viele wunderbare Geschichten über das Weihnachtsfest. Manche sind nicht leicht zu verstehen, es ist soviel Wundersames in ihnen, Anrührendes. Zu Weihnachten, scheint sich der Mensch zu sagen, will ich die Keule ruhen lassen, hier bin ich Mensch, hier darf ich's sein. An diesem Heiligen Abend gewährt er dem Kleinwagen die Vorfahrt, hebt den Lutscher des Wickelkindes auf, schubst die Alte nicht vom Gehsteig.

Dieses Jesulein in der Krippe – ach, es animiert uns alle zu teuren Geschenken, es verzaubert uns, läßt uns die Mitmenschen lieben, gibt den Unbeschenkten Kraft. Je mehr Legenden und Sagen und Humoresken ich darüber gelesen und gehört habe, desto stärker wird die Erinnerung an ein Weihnachtsfest im afrikanischen Busch. Ich erzähle jetzt die wundersamste Geschichte über den Stall von Bethlehem und den Trost, der von ihm ausgeht:

Wir waren nach Kenia gekommen, um dort zwei Büffel, einen Löwen und einen Elefanten zu schießen, aber wir nahmen auch das Nashorn mit. Den ganzen Jagdtag lang erzählten wir uns Geschichten von Ochs und Esel, von Weihrauch und Myrrhe und 30 Jahre altem Whisky, in Hickoryfässern gereift. Unser Fährtensucher war ein stiller, heiterer Jüngling aus Malindi, ergeben und treu, schwarz wie ein Kolkrabe und natürlich Christ. Am Morgen hatte er, zwischen Büffellosung und Geiergekrächz, vom Nazarener berichtet, dennoch kam die rechte Weihnachtsstimmung nicht auf, es fehlte der deutsche Christbaum mit seinen Kerzen, den innigen Liedern und dem Frieden für alle.

Auf der Fährte der Großkatze, die zu erlegen wir gekommen waren, gelangten wir zu Felsen, die links von uns senkrecht abstürzten, während sie rechts senkrecht nach oben stiegen. Ich dachte gerade, welches begeisternde Weihnachtsgeschenk für die Armen das Löwenfell abgeben würde, als uns wildes, nicht wohlgefälliges Brüllen aufschreckte. Vor uns kauerte sprungbereit das Untier, hinter uns hatte sich das Dickicht des Dschungels undurchdringlich geschlossen. Um unser Unglück rund zu machen, war mir die doppelschüssige Flinte in den Abgrund gefallen. Ich rief, und ich glaube, meine Stimme zitterte ein wenig: »Was jetzt?«

Doch der stille Jüngling, der Christ aus dem finstersten Afrika, versetzte gläubig mit feinem Lächeln:

»Weihnachten abotho kungsum nkruma manumba messuhalli.«

Eine großartige Antwort, eine großartige Weihnachtsbotschaft.

Anhang

Quellenverzeichnis

Erich Arneth (*1922 in Bärnfels, † 1984 in Erlangen): *Frankens Bethlehem.* In: *Fränkische Weihnachtsgeschichten.* Bamberg 1981, S. 45/46.

Engelbert Bach (*1929 in Kitzingen, lebt dort): *Weihnachtspost.* In: *12 km auf Bethlehem. Gedichte und Geschichten in unterfränkischer Mundart.* Marktbreit 1978, S. 23/24. Abdruck mit freundlicher Genehmigung des Verlags Siegfried Greß.

Habib Bektas (*1951 in Salihli/Türkei, lebt in Erlangen): *Sirin wünscht sich einen Weihnachtsbaum.* Ravensburg 1991. Abdruck mit freundl. Genehmigung des Autors.

Wolfgang Buhl (*1925 in Zwickau, lebt in Nürnberg): *Die Kindleinskräme* (gekürzt). In: *Der Nürnberger Christkindlesmarkt.* Würzburg 1976, S. 6-13. Abdruck mit freundlicher Genehmigung des Autors.

Ingo Cesaro (*1941 in Kronach, lebt dort): *Heilig Abend Nachmittag.* Erstveröffentlichung. Abdruck mit freundlicher Genehmigung des Autors.

Kevin Coyne (*1944 in Derby, lebt in Nürnberg): *Weihnachtsbesuch.* Originalbeitrag. Deutsch von Steffen Radlmaier. Abdruck mit freundl. Genehmigung des Autors.

Nevfel Cumart (*1964 als Sohn türkischer Eltern in Lingenfeld, lebt in Bamberg): *Weihnachten.* In: *Das Lachen bewahren.* Düsseldorf 1993, S. 119. Abdruck mit freundlicher Genehmigung des Grupello Verlags.

Max Dauthendey (*1867 in Würzburg, † 1918 in Malang auf Java): *Brief an die kleine Lore in Altona in Deutschland.* In: *Das Märchenbriefbuch der heiligen Nächte im Javanerlande,* Leipzig und Weimar 1984, S. 7-14.

Karlheinz Deschner (*1924 in Bamberg, lebt in Haßfurt): *Alternative für Weihnachten.* In: *Opus diaboli,* Reinbek 1994, S. 279/280. Abdruck mit freundlicher Genehmigung des Rowohlt Verlags.

Bernhard Doerdelmann (*1930 in Recklinghausen, † 1988 in Rothenburg o. d. Tauber): *Weihnachten.* In: *Druckfehlerberichtigung und andere Korrekturen.* München 1972, S. 37. Abdruck mit freundlicher Genehmigung des Delp Verlags.

Elisabeth Engelhardt (1925-1978 in Schwanstetten bei Nürnberg): *Stau am Credoja-Paß.* Abdruck mit freundlicher Genehmigung des Verlags Michael Genniges.

Ludwig Fels (*1946 in Treuchtlingen, lebt in Wien): *Das war ein Winter.* In: *Ernüchterung.* Gedichte. Berlin/Erlangen 1975, o.S. Abdruck mit freundlicher Genehmigung des Autors.

Walter Gallasch (*1927 in Eger, lebt in Fürth): *Die Botschaft.* Originalbeitrag. Abdruck mit freundlicher Genehmigung des Autors.

Max von der Grün (*1926 in Bayreuth, lebt in Dortmund): *Fahrtunterbrechung.* In: *Fahrtunterbrechung.* Erschienen in der Europäischen Verlagsanstalt. (c) Max von der Grün c/o Deutscher Taschenbuch Verlag, München.

Gottlob Haag (*1926 in Wildentierbach bei Bad Mergentheim, lebt dort): *Vom Himmel hoch.* In: *Fluren aus Rauch.* Gedichte und ein Requiem. Würzburg 1982, S. 42/43. Abdruck mit freundl. Genehmigung des Autors.

Helmut Haberkamm (*1961 in Dachsbach, lebt in Erlangen): *Grisdkindlsmargd.* In: *Leem aufm Babbier.* Gedichte. Cadolzburg 1995, S.84.

Ders.: *Hohe Nacht der klaren Sterne.* Originalbeitrag. Abdruck mit freundlicher Genehmigung des Autors.

Friedrich Hagen (*1903 in Nürnberg, † 1979 in Paris): *Warum ich Weihnachten nicht mehr feiere*. In: *Norika 2.* Nürnberg 1978, S. 65. Abdruck mit freundlicher Genehmigung des Verlags Nürnberger Presse.

Ernst Heimeran (*1902 in Helmbrechts, † 1955 in Starnberg): *Kleine Station.* In: *Zauber der Weihnacht.* München 1962, S. 94-109.

Günther Hießleitner (*1955 in Nürnberg, lebt in Weißenborn/Mittelfranken): *Mei haalicher Ohmd.* Erstveröffentlichung. Abdruck mit freundlicher Genehmigung des Autors.

E.T.A. Hoffmann (*1776 in Königsberg, † 1822 in Berlin, lebte 1808-1813 in Bamberg): *Bescherung*. Aus: *Nußknacker und Mausekönig.* In: *Märchen und Erzählungen.* Stuttgart 1988, S. 285-294.

Ralf Huwendiek (*1948 in Eschwege, lebt in Nürnberg): *Schnapsneger.* Erstveröffentlichung. Abdruck mit freundlicher Genehmigung des Autors.

Jean Paul (*1763 in Wunsiedel, † 1825 in Bayreuth): *Lange Zaubernacht.* Aus: *Leben des Quintus Fixlein.* In: *Sämtliche Werke,* Bd. 4. München 1962, S. 89-92.

Thomas Kastner (*1968 in Erbendorf, lebt in Nürnberg): *Frisch gepreßter Weihnachtsduft.* Originalbeitrag. Abdruck mit freundlicher Genehmigung des Autors.

Maximilian Kerner (*1949 in Gunzenhausen, lebt in Nürnberg): *Advend-Bluus.* In: *Druggns Brood.* Nonsense-Gedichte in fränkischer Mundart. Cadolzburg 1995, S. 20.

Lothar Kleinlein (*1940 in Schwaig bei Nürnberg, lebt in Aachen): *Wenn der Buldser kummd.* In: *Ka Gschmarri ned.* Nürnberg 1976, S. 43. Abdruck mit freundlicher Genehmigung des Verlags Nürnberger Presse.

Wolfgang Koeppen (*1906 in Greifswald, † 1996 in München): *Christkindlmarkt.* Aus: *Proportionen der Melancholie.* In: *7 x Nürnberg*, hg. von Wolfgang Buhl. Würzburg 1972, S. 84-87. Abdruck mit freundlicher Genehmigung des Suhrkamp Verlags.

Klaus Karl Kraus (*1951 in Erlangen, lebt dort): *Schöne Bescherung.* In: *Schöne Bescherung.* Erlangen 1990, S. 88-90. Abdruck mit freundlicher Genehmigung des Autors.

Gerhard C. Krischker (*1947 in Bamberg, lebt dort): *wainachdn.* In: *a dooch wi brausebulfä.* Gedichte im Bamberger Dialekt. Bamberg 1977, o. S. Abdruck mit freundlicher Genehmigung des Autors.

Fitzgerald Kusz (*1944 in Nürnberg, lebt dort): *Die Weihnachtsgschicht aff Fränkisch.* Erstveröffentlichung. Abdruck mit freundlicher Genehmigung des Autors.
Ders.: *weihnachten.* Aus: *Bräisälä.* Gedichte und Haikus. München 1992, S.39. Abdruck mit freundlicher Genehmigung des Autors.
Ders.: *weihnachten.* Aus: *mä machd hald su weidä.* der gesammelten gedichte zweiter teil. München 1982, S. 88. Abdruck mit freundlicher Genehmigung des Autors.

Jochen Lobe (*1937 in Ratibor, lebt in Bayreuth): *Ballade vom Advent.* In: *Deutschlandschaften.* 60 Gedichte 1977-1991. München/Bad Windsheim 1992, S. 36. Abdruck mit freundlicher Genehmigung des Autors.

Anneliese Lussert (*1929 in Marktbreit, lebt in Gemünden): *Weihnacht in Gemünden.* Abdruck mit freundlicher Genehmigung der Autorin.

Inge Meidinger-Geise (*1923 in Berlin, lebt in Erlangen): *Stippvisite beim Nürnberger Christkind.* In: Petra Hochrein (Hg.): *Komm, Christkind, flieg über mein Haus.* Würzburg 1995, S. 23/24. Abdruck mit freundlicher Genehmigung der Autorin.

Bernd Regenauer (*1956 in München, lebt in Nürnberg): *Weihnachtsgeschichte.* Erstveröffentlichung. Abdruck mit freundlicher Genehmigung des Autors.

Thomas Reglin (*1956 in Neuß, lebt in Nürnberg): *Eine Weihnachtsgeschichte.* In: *Sieben Zwetschgen verweht.* Nürnberg 1995, S. 85-88. Abdruck mit freundlicher Genehmigung des Autors.

Willy R. Reichert (*1924 in Birnbach bei Kitzingen, † 1982 in Nürnberg): *In dieser Nachd.* In: *Das Maß meiner Zeit.* Ausgewählte Gedichte. Würzburg 1979, S. 24.

Friedrich Rückert (*1788 in Schweinfurt, † 1866 in Neuses): *Zwei Kindertodtenlieder*.* In: *Kindertodtenlieder,* hg. v. Hans Wollschläger. Nördlingen 1988, S. 111/121.

Klaus Schamberger (*1942 in Nürnberg, lebt dort): *Aus der Welt der Stille: Ein Wintermärchen.* In: *Ich bitte um Milde/Der Spezi unterwegs,* Bd. 9. Wendelstein 1992, S. 67/68. Abdruck mit freundl. Genehmigung des Autors. Ders.: *Advent.* In: *Kehrichteimer & Co.* Lauter Nürnberger Gedichte. München 1992, S. 93. Abdruck mit freundlicher Genehmigung des Autors.

Nadu Schmidt (*1941 in Nürnberg, lebt in Nürnberg): *Weihnachdn.* Aus: *Paff.* Nürnberg 1984, S. 46. Abdruck mit freundl. Genehmigung des Verlags Jürgen Wolff.

Anton Schnack (*1892 in Rieneck/Ufr., † 1973 in Kahl/Main): *Der Engel und das Kind.* In: *Das fränkische Jahr. Eine Kalender-Kantate.* Aschaffenburg 1952, S. 145-146.

Friedrich Schnack (*1888 in Rieneck/Ufr., †1977 in München): *Weihnacht der Bäume*. Aus: *Sebastian im Wald* (Erstveröffentlichung im Verlag Jakob Hegner, Hellerau, 1926) In: *Gesammelte Werke in zwei Bänden*, Band 2. Abdruck mit freundlicher Genehmigung der C. Bertelsmann Verlag GmbH, München.

Wolf Peter Schnetz (*1939 in Regensburg, lebt in Heiligenstadt): *Weinwachten oder Die kleine Meerjungfrau in Heiligenstadt*. Originalbeitrag. Abdruck mit freundlicher Genehmigung des Autors.

Godehard Schramm (*1943 in Konstanz, lebt in Nürnberg): *Nürnberger Rauschgoldengel. Eine Litanei*. In: *Heimweh nach Deutschland*. Ein Lesebuch. München 1981, S. 145-148. Abdruck mit freundlicher Genehmigung des Autors.

Manfred Schwab (*1937 in Coburg, lebt in Gräfenberg): *Das Christkind lädt zu seinem Markte. Prolog mit Variationen oder: Kleine Stilübung am völlig untauglichen Objekt*. Originalbeitrag. Abdruck mit freundlicher Genehmigung des Autors.

Wilhelm Staudacher (1928-1995 in Rothenburg o. d. Tauber): *'s liegt wos in dr Luft*. Aus: Petra Hochrein (Hg.): *Komm, Christkind, flieg über mein Haus*. Würzburg 1995, S. 26. Abdruck mit freundlicher Genehmigung von Alice Staudacher-Voit.

Horst Ulbricht (*1939 in Nürnberg, lebt dort): *Der Hase kämpft*. Aus: *Kinderlitzchen*. Roman. Cadolzburg 1995, S. 19-28.

Jürgen Walter (*1952 in Nürnberg, lebt dort): *Alter Grantler**. In: *Historischer Rummel - Magischer Tand. Christkindlesmarkt in Nürnberg*. Augsburg 1993, S. 5-9. Abdruck mit freundlicher Genehmigung des Autors.

Harald Weigand (*1960 in Langenfeld, lebt dort): *Weinachdsdrilogie.* Originalbeitrag. Abdruck mit freundlicher Genehmigung des Autors.

Bernhard Windisch (*1948 bei Chemnitz, lebt in Nürnberg): *Elias, der Bettler Max und das Christkind.* Erstveröffentlichung. Abdruck mit freundlicher Genehmigung des Autors.

Michael Zeller (*1944 in Breslau, lebt in Nürnberg): *Vom Geschenk des Verschwindens.* In: *Mikado.* Cadolzburg 1995, S. 174-184.

In einigen Fällen konnten die Rechteinhaber nicht ermittelt werden. Wir bitten um Kontaktaufnahme.

Bildnachweis

Peter Angermann (*1945), *Goldmarie*, 1987, Öl auf Leinwand, 75 x 100 cm

Toni Burghart (*1928), *Weihnachtshase*, 1994, Siebdruck, 15 x 21 cm

Peter Engl (*1949), *Weihnachtsbaum*, 1996, Casein, 25,5 x 36 cm

Blalla W. Hallmann (*1941), *Nürnberger Christkindlesmarkt* (aus: *Der Weg, die Wahrheit und das Leben*, Köln 1995), Linolschnitt, 21 x 29,7 cm

Andreas Tschinkl (*1966), *Goldrauschengel*, 1996, Hinterglasmalerei, 90 x 120 cm

Anthologien rund um Franken

Steffen Radlmaier (Hrsg.) · Das Nürnberg-Lesebuch
Mit Bildern zeitgenössischer Künstler. Anthologie
Hardcover, 326 Seiten, DM 39,80

Nürnberg – gerühmt als des Reiches Schatzkästlein, berüchtigt als Stadt der Reichsparteitage. Die Anthologie versammelt Hymnen und Haßtiraden über die Frankenmetropole: von Hans Sachs bis Herbert Achternbusch.
»Nürnberg-Kenner dürften an dem Lesebuch ihre Freude haben.« Frankfurter Allgemeine Zeitung

M. Zeller / B. Kastenhuber (Hrsg.) · einwärts : auswärts
Prosa einer Landschaft · Anthologie
340 Seiten, Broschur, DM 25,00 / Hardcover, DM 44,00

Eine repräsentative Sammlung von Romanausschnitten, Kurzgeschichten, klassischen Erzählungen, Essays und Briefzitaten zeigt Franken als ein Stück geistiger Heimat. Mit Texten u. a. von Wassermann, Fels, Penzoldt, Wodin.
»Diese ›Anthologie‹ ... ist ein Meisterwerk einer echten Sammlung.« Literatur in Bayern

Hermann Glaser/ Rainer Lindenmann (Hrsg.)
Von der Moderne der Renaissance –
was uns im 21. Jahrhundert erwartet
Anthologie mit beiliegender CD
Hardcover, 335 Seiten, DM 49,80

Zukunft braucht Herkunft – Erinnerung kann den Blick schärfen für das Bevorstehende. Im Mittelpunkt dieser Anthologie steht die Renaissance in Franken mit ihren weltweiten Bezügen und ihren aktuellen Dimensionen.
»Kann man eine Hörfunkreihe zwischen zwei Buchdeckel pressen? Man kann, wie die überaus ansprechend gestaltete Anthologie ... beweist.« Nürnberger Nachrichten

Fränkische Dialektdichtung

Helmut Haberkamm · Frankn lichd nedd am Meer
Gedichte, Broschur, 109 Seiten, DM 19,80

Helmut Haberkamm · Leem aufm Babbier
Gedichte, Broschur, 150 Seiten, DM 24,80

Helmut Haberkamm · Wie di erschdn Menschn
Gedichte, Broschur, 123 Seiten, DM 19,80

»Haberkamm ist ein Lyriker, dessen Geschichten felsenfest auf der rauhbeinigen Sprache ruhen. Pointierte Geschichten, die das Leben ritzt, Sprachlandschaften, durch die bedrohliche Konsonanten-Lawinen pflügen. Haberkamm ist ›eggsbressief‹ und ›eggsdrem‹. Zum Glück!«
Abendzeitung

Maximilian Kerner · Druggns Brood
Fränkische Nonsense-Lyrik, Broschur, 90 Seiten, DM 19,80

Kerners respektlos-naive Lyrik in fränkischer Mundart zeichnet sich durch überraschende Pointen und ebenso saloppe wie eingängige Reime aus.

Fitzgerald Kusz · Hobb
Gedichte, Hardcover, 120 Seiten, DM 25,00

Fitzgerald Kusz · Schdernla
Gedichte, Hardcover, 94 Seiten, DM 25,00

»Kein Wort zu viel oder zu wenig, nirgendwo sprachliche Koketterie mit lyrischen Klischees, sämtliche Grobheiten in lakonischer Kürze, alle Feinheiten ohne Ornamente.«
plärrer

Gegenwartsliteratur

Horst Ulbricht · Kinderlitzchen
Roman. Hardcover, 210 Seiten, DM 34,00

H., ein Knirps im Vorschulalter, wächst zu Kriegsende in dumpfer Dorf- und Familienatmosphäre auf. Als Außenseiter lernt er sehr bald, sich mit Hilfe seiner Phantasie Freiräume zu schaffen und sich mit Gewitztheit in einer verständnislosen bis feindseligen Umwelt zu behaupten.

Bernhard Windisch · Comic strips
Roman. Broschur, 121 Seiten, DM 25,00

»Windisch kann rabiat und prägnant erzählen, die Episoden verselbständigen sich gegenüber der durchaus vorhandenen Handlung. Die Stimmung gerät um so genauer.«
Die Welt

Michael Zeller · Café Europa
Roman. Hardcover, 276 Seiten, DM 38,00

In Krakau hört der Schriftsteller Walter Hornung erstmals von Henry Wohlgast. Der geheimnisvolle Fremde läßt ihn bald nicht mehr los. Hornung muß Wohlgasts Geschichte aufschreiben, die immer mehr die seine wird. *»Ein höchst bemerkenswerter Roman ...«* SZ

Kevin Coyne · Paradise
Aus dem Englischen von F. Kusz und G. Röckelein
Broschur, 132 Seiten, DM 19,80

Coynes Lyrik und Prosa stehen in der Tradition erlesenen englischen Humors: sarkastisch, skurril und immer hintersinnig.

 ars vivendi